Ostern erzählen

100 Vorlesegeschichten für Gottesdienst, Schule und Gruppe

Veröffentlichungen von Willi Hoffsümmer im gleichen Verlag

Für die Gottesdienstgestaltung

Bausteine für Familiengottesdienste. Die Evangelien der Sonn- und Feiertage in Symbolen, Geschichten, Spielen und Bildern – Lesejahr A (³1998); – Lesejahr C (²1995); Bausteine für Familiengottesdienste. Besondere Anlässe im Kirchenjahr … (1996); 3x7 Bußfeiern mit Gegenständen aus dem Alltag (²1996); Umkehr. 25 Bußfeiern … (1996); 5x7 Ideen für Familiengottesdienste durch das Kirchenjahr (³2003); Familiengottesdienste für die Lesejahre A–C. Mit Symbolen und Geschichten (²2003); 3x11 Ideen für Familiengottesdienste durch das Kirchenjahr (2004); 111 Ideen für Gottesdienste und Feiern mit Senioren (²2005); Der Natur abgelauscht. 115 Bausteine mit Symbolen für Familiengottesdienste (2005); 35 Ideen für Familiengottesdienste durch das Kirchenjahr (2007); Maria zu loben. Das große Werkbuch für Gottesdienst und Gemeinde (2007); 21 Aufnahmefeiern für Ministrantinnen und Ministranten. Mit Zeichen und Symbolen (2007); 63 Bausteine für Familiengottesdienste in der Advents- und Weihnachtszeit (2007); 17 Bußfeiern mit Gegenständen aus dem Alltag (2008); 2x37 Symbolpredigten. Mit Gegenständen aus dem Alltag (2009); 59 Bausteine für Familiengottesdienste in der Fasten- und Osterzeit (2009); 11 Erstkommunionfeiern mit Symbolen. Festgottesdienst – Andacht – Dankmesse (2009)

Zeichen- und Symbolpredigten   •

Anschauliche Predigten für Kinder-, Jugend- und Familiengottesdienste (⁵1993); 144 Zeichenpredigten durch das Kirchenjahr. Mit Gegenständen aus dem Alltag (⁷1998); 99 Kinderpredigten (⁴1996); 133 Kinderpredigten (⁹1996); 88 Symbolpredigten durch das Kirchenjahr (²1995); 9x10 Symbolpredigten durch das Kirchenjahr (²1999); 70 Symbolpredigten für Familiengottesdienste durch das Kirchenjahr (2002); 7x12 Symbolpredigten für Familiengottesdienste durch das Kirchenjahr (2005); 33 Predigten über das Wunder der Heiligen Nacht. Mit Geschichten und Symbolen (2008); 2x37 Symbolpredigten. Mit Gegenständen aus dem Alltag (2009); 60 Ansprachen mit Symbolen für Trauergottesdienst und Beerdigung (2009); 3x12 Predigten zu Lebenswenden. Taufe – Hochzeit – Beerdigung (2009)

Geschichtensammlungen für die Gemeindepraxis

Kurzgeschichten 1: 255 Kurzgeschichten für Gottesdienst, Schule und Gruppe (²³2008); Kurzgeschichten 2: 222 Kurzgeschichten … (¹⁵2008); Kurzgeschichten 3: 244 Kurzgeschichten … (¹³2008); Kurzgeschichten 4: 233 Kurzgeschichten … (¹⁰2008); Kurzgeschichten 5: 211 Kurzgeschichten … (⁷2008); Kurzgeschichten 6: 155 Kurzgeschichten … (⁴2007); Kurzgeschichten 7: 144 Kurzgeschichten … (²2006); Kurzgeschichten 8: 177 Kurzgeschichten … (²2008); Mehr als 1000 Kurzgeschichten. CD-ROM (²2001); Geschichten als Predigten (³1995); In Geschichten das Leben spiegeln. 140 Geschichten für Gottesdienst, Schule und Gruppe (²1999)

Geschichtensammlungen als Meditations-, Bildband oder Geschenk

Geschichten wie Schlüssel zum Glück (1998); Geschichten wie Anker der Hoffnung (2001); 365 x Zuversicht. Der Seele Flügel schenken (2003); 365 x Rückenwind. Ermutigungen für jeden Tag (2007); 365 x wolkig bis heiter. Ein Sonnenstrahl für jeden Tag (2008); 77 Herzfenster. Geschichten, die gut tun (³2009)

Bücher zu den Sakramenten – mit Geschichten

Geschichten zur Taufe. Topos Taschenbuch 210 (⁵2001); Bußgeschichten. Topos Taschenbuch 99 (⁷1997); Kommuniongeschichten. Brot fürs Leben. Topos Taschenbuch 79 (¹⁹2002); Firmgeschichten. Hinführung zur Firmung für Jugendliche und Gruppenleiter. Topos Taschenbuch 126 (⁹1998); Und er umarmt dich. Geschichten von Schuld und Versöhnung (²2002); Auf dem Weg mit Jesus. Geschichten zur Erstkommunion (2003)

Für Gruppen und Schule

27 Modelle für Gruppenstunden und Religionsunterricht (²1997); Religiöse Spiele für Gottesdienst und Gruppen. Band 1 (⁶1994); 77 religiöse Spielszenen für Gottesdienst, Schule und Gruppe (³1994); 9 x 9 Spielszenen für Gottesdienst, Schule und Gruppe (²1998)

Glaubensvermittlung

Von der Schöpfung, Gott und Jesus erzählen. 100 Ideen für 3- bis 7-Jährige (³1998); 3x30 Ideen für Gottesdienst, Kindergarten und Grundschule (²2003); 2x33 Kindergottesdienste für 3- bis 7-Jährige durch das Kirchenjahr (2006); Glaube trägt. Kleiner Katechismus für junge und erwachsene Christen (¹³2007)

Gesamtauflage: über 1.200.000

Willi Hoffsümmer (Hg.)

Ostern erzählen

100 Vorlesegeschichten für Gottesdienst,
Schule und Gruppe

𝐠 Matthias-Grünewald-Verlag

Allen, die das Schönste weitererzählen:
Dass Jesus lebt

Mix
Produktgruppe aus vorbildlich
bewirtschafteten Wäldern, kontrollierten
Herkünften und Recyclingholz oder -fasern
www.fsc.org   Zert.-Nr. SGS-COC-003993
© 1996 Forest Stewardship Council

Für die Schwabenverlag AG ist Nachhaltigkeit ein wichtiger Maßstab ihres
Handelns. Wir achten daher auf den Einsatz umweltschonender Ressourcen
und Materialien.
Dieses Buch wurde auf FSC-zertifiziertem Papier gedruckt. FSC (Forest Stewardship Council) ist eine nicht staatliche, gemeinnützige Organisation, die
sich für eine ökologische und sozial verantwortliche Nutzung der Wälder
unserer Erde einsetzt.

Der Matthias-Grünewald-Verlag ist Mitglied
der Verlagsgruppe engagement

Umschlaggestaltung: Finken & Bumiller, Stuttgart
Umschlagabbildung: © secretgarden/photocase
Gesamtherstellung: Matthias-Grünewald-Verlag, Ostfildern
Hergestellt in Deutschland
ISBN 978-3-7867-2799-6

Inhalt

Aus den Wundern in der Natur spricht das Weiterleben

Der Zweifel stirbt zuletzt

Ostersymbole, die vom neuen Leben künden

Osterglaube aus Geschichten und Geschichte

Der Glaube an die Auferstehung zeigt Früchte

Ein Wort zuvor

Eine rabbinische Weisheit sagt:

> »Es gibt nichts,
> das die Seele so ermutigt,
> das Herz so läutert,
> in die Tiefe der Gedanken so vordringt,
> das Gewissen schärft,
> den Menschen weise macht
> und Gott näherbringt
> > *als eine Geschichte!*«

Deshalb ist es mein Anliegen, das Kostbarste unseres Glaubens, den Glauben an die Auferstehung unseres Herrn und Heilandes, in *Geschichten* näherzubringen. Ich freue mich, wenn es Ihnen gelingt, mit den Geschichten den Glauben weiterzugeben und lebendig zu halten.

Noch einige *Hinweise:* Wenn nicht anders vermerkt, lassen sich die Geschichten mit entsprechend geänderten Einführungen für *alle* Altersstufen einsetzen.

Weitere Geschichten zu den verschiedenen Zeiten im Kirchenjahr sowie zu vielen anderen Themen finden Sie in meinen »Kurzgeschichten 1–8«, erschienen im Matthias-Grünewald-Verlag der Schwabenverlag AG, Ostfildern.

Danke für Kritik und Anregungen und besonders, wenn Sie mir Geschichten zuschicken! Meine Adresse: Willi Hoffsümmer, Frankenstr. 30, D-50374 Erftstadt-Bliesheim, Fax 02235-463902; E-Mail: willi.hoffsuemmer@t-online.de

Ihr
Willi Hoffsümmer

Die Verzweiflung hat ein Ende

1. Die Legende vom siebenarmigen Leuchter

Thema   Schon die Juden, unsere Väter im Glauben an den lebendigen Gott, lebten aus einer Kraft, die staunen ließ

Vorlesedauer   ca. 3½ Minuten

Hinführung   Ein wichtiges Symbol für die Juden und die Israelis bis heute ist der siebenarmige Leuchter.
Wir hören dazu eine Legende:

Zu der Zeit, als der Pharao die Kinder Israels für sich arbeiten ließ, kam es zu einem Aufstand. Der Pharao aber ließ die sieben Anführer gefangen nehmen und befahl, sie ins Gefängnis zu werfen, wo sie ihr restliches Leben in getrennten Zellen zubringen sollten. Nur durch ein kleines Gitterfenster konnten sie auf den Innenhof schauen, in dem ein einziger Baum wuchs. Immer aber, wenn der Pharao sie aufsuchte und sich an ihrer Einsamkeit und Verzweiflung weiden wollte, lag in ihrem Blick eine Hoffnung, die er sich nicht erklären konnte. So ließ er eines Tages andere Gefangene zu den sieben in die Zellen und versprach jenen heimlich die Freiheit, wenn sie das Geheimnis der Juden ergründen und den Grund ihrer Hoffnung offenlegen könnten, damit er ihn verdürbe.

Da gaben diese sich völlig ermattet, und ihr Anblick jammerte die Juden schon nach wenigen Tagen. So erfuhren sie vom unerschütterlichen Glauben ihrer Mitgefangenen an den lebendigen Gott, der ihnen einen Baum wachsen ließ mitten im Gefängnis und vor ihren Augen, als Zeichen der Hoffnung.

Als der Pharao dies hörte, ließ er den Baum ausgraben und ihm die Wurzeln abhacken und sprach zu den Juden: »So habe ich euch aus eurem Volk gerissen, und ihr werdet es nicht wiedersehen, bis ihr verdorrt seid.«

Und nach sieben Tagen ließ er dem Baum alle Zweige abhacken bis auf drei gerade aufgewachsene zur Linken und drei zur Rechten des Stammes und hackte auch diesen noch die Spitzen ab und sprach zu den Juden: »So liegt auch euer Volk darnieder, ohne Köpfe und Krone, und wird sich nicht wieder erheben und streckt seine Arme hilflos zum Himmel.« Und nach weiteren sieben Tagen ließ er den trockenen Stamm wieder eingraben und sprach: »So werde ich euch übers Jahr zur Schau stellen lassen als Zeichen des Spottes und jeden von euch aufhängen an einem dieser Äste.«

Als aber das Jahr vergangen war, da trieben die gestutzten Äste ein jeder einen langen Zweig, der gar nicht aufhören wollte, in die Höhe zu schießen, und schließlich erblühte, als wolle er den Himmel anzünden. Da bekam es der Pharao mit der Angst, und er ließ die sieben Männer frei und befahl, fortan keine Bäume mehr zu pflanzen von der Art, die blüht, obwohl man ihr die Wurzel nahm, und ordnete an, stattdessen Steine aufstellen zu lassen mit der Spitze in den Himmel, die noch tausend Jahre später stehen würden und in alle Ewigkeit nach dem stechen sollten, der ihn beschämt hatte.

Die Juden aber dachten an den Baum, der gestutzt wurde und doch zum Himmel blühte, und schmieden zur Erinnerung noch heute Leuchter mit sieben Armen und setzen Kerzen darauf.

Siegfried Macht

2. Sich in den Schatten des Kreuzes stellen

Thema	Wir sprechen so leichthin von der Erlösung durch das Kreuz, ahnen aber nicht, welche Not einer hat, der seinen »Schatten« loswerden will
Vorlesedauer	ca. 30 Sekunden
Hinführung	Wir hören, wie ein Mensch seine Schuld, seinen »Schatten« loswerden will.

Ein Mann wollte seinen Schatten loswerden, aber, was er auch anstellte, es gelang ihm nicht: Er wälzte sich auf dem Boden, sprang ins Wasser, versuchte, über den Schatten wegzuspringen. Alles vergeblich.

Ein weiser Mann, der diese Geschichte hörte, meinte dazu: »Das wäre doch ganz einfach gewesen, den Schatten loszuwerden!«

»Wieso einfach?«, fragten die Umstehenden neugierig, »was hätte er denn machen sollen?«

Und der weise Mann gab zur Antwort: »Er hätte sich nur in den Schatten eine Baumes zu stellen brauchen.«

3. Fürchte dich nicht!

Thema	Wer bereut, dem wird alles vergeben
Vorlesedauer	ca. 3½ Minuten
Hinführung	Die unendliche Liebe Gottes ist größer als alle menschliche Schuld.

Eindrücklich erzählt Dostojewski in seinem Roman »Die Brüder Karamasow«, wie eine junge Bäuerin in ihrer Verzweiflung den berühmten Starzen Sosima aufsucht.

Sie hat ihren Mann, der ihr viel Böses angetan hatte, in einer schweren Krankheit sterben lassen. Nun ist sie voller Angst und Schuld und wendet sich Rat suchend an den Starzen. Und der hat tröstliche Worte für sie:

»Fürchte nichts und fürchte dich niemals und gräme dich nicht. Wenn nur die Reue in dir nicht erlahmt – dann wird Gott dir alles vergeben. Solch eine Sünde gibt es nicht in der ganzen Welt und kann es gar nicht gehen, die Gott der Herr einem wahrhaft Reuigen nicht verziehe. Ein Mensch kann gar nicht eine so große Sünde begehen, dass sie die unendliche Liebe Gottes erschöpfe. Oder kann es eine so große Sünde geben, dass sie Gottes Liebe überwöge? Um Reue sei nur besorgt, um unablässige Reue, die Furcht jedoch scheuche gänzlich von dir. Glaube daran, dass Gott dich so sehr liebt, wie du es dir nicht einmal vorstellen kannst, dich sogar mit deiner Sünde und in deiner Sünde liebt. Über einen Sünder, der Buße tut, wird im Himmel mehr Freude sein als über zehn Gerechte, so steht es seit langem geschrieben. Geh also und fürchte dich nicht. Lass dich nicht erbittern gegen die Menschen; ärgere dich nicht, wenn dir Unrecht geschieht. Dem Verstorbenen vergib in deinem Herzen alles, womit er dich gekränkt hat; versöhne dich mit ihm in Wahrheit. Wenn du bereust, so liebst du auch. Liebst du aber, so bist du auch schon Gottes Kind. Durch Liebe wird alles erkauft, alles gerettet. Wenn schon ich, ein ebenso sündiger Mensch wie du, deinetwegen Rührung und Mitleid empfand, um wie viel mehr wird es dann Gott tun? Die Liebe ist ein so unsäglich großer Schatz, dass man damit die ganze Welt kaufen könnte; nicht nur die eigenen Sünden kannst du damit loskaufen, sondern auch fremde. Geh denn und fürchte dich nicht.« Er segnete sie dreimal mit dem Zeichen des Kreuzes, nahm ein kleines Heiligenbild von seinem Hals und hängte es ihr um.

Axel Kühner

4. Eine Perle – aus Schmerzen geboren

Thema	Etwas Wertvolles erwächst manchmal erst aus Leid und Schmerzen
Vorlesedauer	ca. 1 Minute
Hinführung	Der grausame Kreuzesbalken ist für Christen zum Heilszeichen geworden. Das Leiden und der Tod Jesu fanden ihre Vollendung in der Auferstehung. Seine Hingabe wurde für uns zum Segen. Eine Fabel erzählt ein Beispiel aus der Natur.

Eine Auster klagt der anderen: »Ich habe Schmerzen; es ist, als trüge ich eine Kugel aus Blei in meinem Leib. Was soll daraus werden …?«
Die andere Auster erwidert stolz: »Ich fühle mich kerngesund, bin munter und fidel. Du wirst an deiner Kugel noch sterben; ich habe das Leben noch vor mir.«

Ein Krebs, der dem Gespräch der beiden gelauscht hat, meint: »Was verstehst du stolze Auster schon vom Leben? Du meinst, Jugend, Schönheit und Gesundheit seien alles. – Sie hat zwar Schmerzen, aber sie trägt eine Perle in sich.«

Arabische Fabel

5. Die Legende von der Verzweiflung

Thema   Seit dem Kreuzestod Christi vermag die Verzweiflung, die alle Menschen manchmal spüren, uns nicht mehr von Gott zu trennen, weil ganz unten der Gekreuzigte liegt

Vorlesedauer ca. 5 Minuten

Hinführung Jeder Mensch hat irgendwo Angst, ins Bodenlose zu stürzen. Wir hören eine Legende, die uns diese Angst nehmen will.

Als Jesus in der Krippe lag, drängte sich unter den vielen Menschen, die ihn sehen wollten, auch eine düstere Gestalt hinzu. Alle, die sie sahen, wichen erschrocken zurück und bedeckten ihre Augen. Sie kannten sie aus ihren schmerzlichsten Stunden und hatten ihretwegen schon viel gelitten. Es war die Verzweiflung. Niemand hatte erwartet, dass gerade sie an den Anfang dieses hoffnungsvollen Lebens treten würde. Doch keiner wagte, sie zurückzuweisen. Niemand wollte an ihren schwarzen Mantel rühren. So schritt sie ungehindert zur Krippe und beugte sich über sie. Entsetzt hielt Maria abwehrend die Hände über das Kind. Aber die Verzweiflung schaute nur stumm auf das Kind und sprach dann: »Wir werden uns wiedersehen.« Dann wandte sie sich um und ging. Sogleich drängten alle zur Krippe, damit sie mit ihren Gesichtern den Eindruck dieses anderen Gesichtes verscheuchen könnten. Es war aber, als ob das Kind durch sie alle hindurch auf etwas anderes schauen würde. Dreißig Jahre später wanderte Jesus durch das Land. Wo er hinkam, sah er kranke, abgekämpfte, schuldbeladene und mutlose Menschen. Er fühlte Erbarmen mit ihnen und fing an, ihnen zu helfen. Er heilte

Kranke, er stärkte die Müden, er vergab den Schuldbeladenen und ermunterte die Hoffnungslosen. Es war, wie wenn eine neue Luft sie umweht hätte. Und alle begannen wieder aufzuatmen.

Als er eines Tages wieder von einer großen Volksmenge umgeben war, schob sich eine düstere Gestalt dazwischen. Sie trug einen durchlöcherten Mantel und drängte mit spitzen Händen die Menschen zur Seite, bis sie vor ihm stand. Da erkannten die Menschen sie. Einige wollten fliehen, einige wollten Jesus wegziehen. Er aber blieb stehen und schaute sie ruhig an. Sie sprach: »Warum greifst du in mein Reich ein und störst meine Herrschaft?«

Er aber antwortete: »Es ist dir keine Herrschaft über die Menschen gegeben. Sie gehören Gott und seiner Liebe.« Da lachte die Verzweiflung und sprach: »Du hast meinen Mantel durchlöchert, du hast ihn aber nicht zerrissen. Dir aber werde ich alles entreißen. Wir werden uns bald wiedersehen.« Dann wandte sie sich um und ging.

Sogleich drängten sich alle zu ihm und berührten ihn von allen Seiten. Er aber sah in ihre Gesichter und erkannte, dass er den Menschen gegen die Verzweiflung beistehen musste, solange er lebte. So trug er Tag und Nacht ihr Bild in sich.

Und es kam die Nacht, in der er verraten wurde. Aus der Schar derer, die auf ihn zukamen, löste sich eine Gestalt, trat auf ihn zu, sagte mit erstickter Stimme »Rabbi!« und küsste ihn. Als Jesus von den Lippen Judas' berührt wurde, spürte er, dass von ihnen etwas auf ihn übergegangen und an seinen Lippen haften geblieben war.

Judas hatte ihn mit seiner Verzweiflung angesteckt. Kein Mensch konnte ihn mehr davon befreien. Da verließen ihn alle und flohen. Nur die Verzweiflung ging mit ihm.

Als er in seiner bittersten Stunde allein war, wollte er zu Gott schreien. Aber nichts kam von seinen Lippen, als was darauf lag, der verzweifelte Ruf: »Mein Gott, mein Gott, warum hast du mich verlassen!« Und er starb.

Da lachte die Verzweiflung laut auf. Sie hatte gewonnen. Sie erhob sich triumphierend bis zur Sonne und verdunkelte sie und ließ sich tief unter der Erde fallen bis ins Totenreich. So trat sie ihre Herrschaft über alle an.

Aber als sie zuunterst im Tod und im Nichts angekommen war, hörte sie aus der Tiefe einen Schrei: »Mein Gott, mein Gott, warum hast du mich verlassen!« Am untersten Rand der Verzweiflung lag der Gekreuzigte und füllte mit seinem Schrei nach Gott die tiefste Gottverlassenheit aus.

Seither hat die Verzweiflung keinen letzten Ort mehr. Sie irrt in der Welt umher und vermag wohl überall und immer wieder Menschen zu schlagen und niederzuwerfen. Aber sie vermag keinesfalls mehr, Gott von den Menschen zu trennen.

Werner Reiser

6. Ich werde alle an mich ziehen

Thema   Grenzenlose Barmherzigkeit Gottes
Vorlesedauer   ca.1 Minute
Hinführung   Es gibt eine Liebe, die unsere Vorstellung von Gerechtigkeit durchbricht.

Nach einer alten Legende hing Jesus mit weit ausgebreiteten Armen am Kreuz über dem Hochaltar. Die Gemeindemitglieder wollten dem Auferstandenen, der sich für sie hingegeben und den Tod besiegt hatte, aus Dankbarkeit und zum Zeichen seiner Macht eine kostbare Krone anfertigen lassen, die sein Haupt zieren sollte. So geschah es auch.

Eines Tages kam ein Dieb in die Kirche und entdeckte bei seiner Suche nach wertvollen Schätzen die schöne Krone auf dem Haupt des Gekreuzigten. Er kletterte auf den Altar, trat mit einem Fuß auf den Nagel, der durch die Füße des Gekreuzigten getrieben war, und griff nach der Krone.

In diesem Augenblick brach der Nagel durch das Gewicht des Diebes ab, so dass er den Halt verlor und abzustürzen drohte. Er hätte sich leicht das Genick brechen können, wenn der gekreuzigte Christus nicht plötzlich seine Arme vom Kreuz gelöst hätte, um den Dieb zu umarmen und festzuhalten.

Den Mann durchzitterte es, als er erkannte, wie groß die Liebe Gottes ist; sie ist größer als seine Gerechtigkeit.

Nach Paul Jakobi

Ahnen: das Leben geht weiter

. . . .

7. Vorchristlicher Glaube an die Auferstehung

Thema	Auch *vor* Christus finden wir den Glauben, dass das Leben weitergeht
Vorlesedauer	ca. 2 Minuten
Hinführung	Der Philosoph Sokrates lebte schon Jahrhunderte vor Christus, glaubte aber bereits daran, dass der Tod nicht das letzte Wort hat.

Im Jahre 399 vor Christus wird in Athen Sokrates schuldlos zum Tode durch den Schierlingsbecher verurteilt, einen Gifttrunk. Seine Freunde sind um ihn versammelt, um die letzten Stunden noch mit ihm zu verbringen. Da fragt einer von ihnen den Sokrates: »Wie sollen wir dich begraben?« Und der antwortet: »Wie ihr wollt, wenn ihr mich fangen könnt und ich euch nicht entwische!«

Und dann setzt er seinen Schülern auseinander, dass er der Sokrates sei, der jetzt mit ihnen rede, und nicht jener andere, den sie in Kürze als Leichnam sehen werden. Denn wenn er das Gift getrunken habe, werde er nicht bleiben, sondern zum herrlichen Leben der Seligen eingehen.

Er trinkt das Gift, geht dann noch nach Anweisung des Gefängnisaufsehers auf und ab, bis ihm die Beine schwer werden, und legt sich dann hin. Seine Schüler und Freunde sitzen weinend am Sterbebett. Sein bekanntester Schüler, Platon, berichtet im Phaidon: »Schon war um seinen Unterleib fast alles erkaltet, da deckte er sich noch einmal auf – er hatte sich schon ganz verhüllt – und sagte: ›Kriton‹, und das waren seine letzten Worte, ›wir schulden dem Asklepios einen Hahn; entrichtet ihm den und versäumt es nicht.‹«

Asklepios war der Gott der Ärzte. Man opferte ihm, wenn man von einer schweren Krankheit genesen war. Sokrates hielt offenbar das Leben, das wir hier führten, verglichen mit dem Leben, das uns erwartet, für eine schwere Krankheit und sah im Sterben einen Genesungsprozess, für den man zu danken hat.

Ulrich Lüke

8. Die Geschichte vom Bambus

Thema	Auch in Asien finden wir den festen Glauben, dass Opfer und Leid Leben erstehen lässt
Vorlesedauer	ca. 2½ Minuten
Hinführung	Wir hören eine symbolische Geschichte, an deren Ende nicht nur der Tod steht.

In einem großen Garten wuchs ein Bambusbaum. Der Herr des Gartens hatte seine Freude an ihm. Von Jahr zu Jahr wurde er kräftiger und schöner. Eines Tages aber blieb er vor ihm stehen und sagte: »Lieber Bambus, ich brauche dich!« Der Baum antwortete: »Herr, ich bin bereit, gebrauche mich, wie du willst.« Die Stimme des Herrn wurde ernst: »Um dich zu gebrauchen, muss ich dich beschneiden!« Der Baum erzitterte: »Mich beschneiden? Deinen schönsten Baum im Garten? Nein bitte, das nicht, bitte nicht! Verwende mich doch zu deiner Freude, Herr, aber beschneiden ...!« Der Herr sagte noch ernster: »Wenn ich dich nicht beschneide, kann ich dich nicht gebrauchen.«

Im Garten wurde es ganz still. Der Wind hielt den Atem an. Langsam beugte der Bambus seinen herrlichen Kopf und sagte leise: »Herr, wenn du mich anders nicht gebrauchen kannst, dann beschneide mich!«

Doch der Herr fuhr fort: »Mein geliebter Bambus, ich werde dir auch deine Blätter und Äste abschneiden!« »Ach, Herr, davor bewahre mich. Zerstöre meine Schönheit, aber lass mir bitte Blätter und Äste!« »Wenn ich sie dir nicht abschneide, kann ich dich nicht gebrauchen!«

Die Sonne versteckte ihr Gesicht. Ein Schmetterling flog ängstlich davon. Bis ins Mark getroffen, flüsterte der Bambus: »Herr, schlag sie ab!« »Mein geliebter Bambus, ich muss dir noch mehr antun. Ich muss dich mitten durchschneiden und dein Herz herausnehmen. Wenn ich das nicht tue, kann ich dich nicht gebrauchen!« Da neigte sich der Bambus bis zur Erde: »Herr, schneide und teile!«

So schnitt der Herr des Gartens den Bambus, hieb seine Äste ab, streifte seine Blätter fort, teilte ihn in zwei Teile und schnitt sein Herz heraus. Dann trug er ihn mitten durch die trockenen Felder in die Nähe einer Quelle. Dort verband er mit dem Bambusstamm die Quelle mit der Wasserrinne im Feld. Und das klare, glitzernde Wasser schoss durch den zerteilten Körper des Bambus in den Kanal und floss auf die dürren Felder, um eine reiche Ernte möglich zu machen.

So wurde der herrliche Bambus erst zum großen Segen, als er gebrochen und zerschlagen war.

Aus China

9. Österliche Parabel

Thema	Spötter aushalten, die nur das Offensichtliche sehen wollen
Vorlesedauer	ca. 2 Minuten
Hinführung	Auch die Natur lehrt: der Tod ist nicht das Letzte.

Da war einmal ein guter Mensch. Er hatte Mitleid mit dem hässlichen Gewürm der Raupen, wie sie sich Stunde für Stunde vorwärts plagten, um mühselig den Stängel zu erklettern und ihr Fressen zu suchen – keine Ahnung von der Sonne, dem Regenbogen in den Wolken, den Liedern der Nachtigall! Und der Mensch dachte: Wenn diese Raupen wüssten, was da einmal sein wird! Wenn diese Raupen ahnten, was ihnen als Schmetterling blühen wird: Sie würden ganz anders leben, froher, zuversichtlicher, mit mehr Hoffnung. Sie würden erkennen: Das Leben besteht nicht nur aus Fressen und der Tod ist nicht das Letzte.

So dachte der gute Mensch, und er wollte ihnen sagen: Ihr werdet frei sein! Ihr werdet eure Schwerfälligkeit verlieren! Ihr werdet mühelos fliegen und Blüten finden! Und ihr werdet schön sein!

Aber die Raupen hörten nicht. Das Zukünftige, das Schmetterlinghafte ließ sich in der Raupensprache einfach nicht ausdrücken.

Er versuchte, Vergleiche zu finden: Es wird sein wie auf einem Feld voller Möhrenkraut …

Und sie nickten, und mit ihrem Raupenhorizont dachten sie nur ans endlose Fressen.

Nein, so ging es nicht. Und als der gute Mensch neu anfing: Ihr Puppensarg sei nicht das Letzte, sie würden sich verwandeln, über Nacht würden ihnen Flügel wachsen, sie würden leuchten wie Gold – da sagten sie: Hau ab! Du spinnst! Du hältst uns nur vom Fressen ab!

Und sie rotteten sich zusammen, um ihn lächerlich zu machen.

10. Der Tod – das größte Geheimnis des Lebens

Thema   Keiner ist bisher aus dem Reich des Todes zurückgekehrt (außer Jesus Christus). Darum bleibt das Geheimnis bestehen

Vorlesedauer ca. 5 Minuten

Hinführung Auch aus China hören wir eine Legende, die nicht ausschließt, dass Leben nach dem Tod weitergeht:

Vor Zeiten herrschte im alten China ein mächtiger Kaiser, der wollte, als er alt geworden war und sein Ende nahen fühlte, wissen, was den Menschen nach seinem Tod im Jenseits erwarte. Er rief alle Gelehrten und Weisen seines riesigen Reiches in seinen Palast und befahl ihnen, bei allem Volk, ob arm oder reich, hoch oder nieder, klug oder dumm, nachzuforschen, ob einer aus eigener Erfahrung über das Leben nach dem Tode berichten könne. Bei dem riesigen Volk müsse es doch den einen oder anderen geben, der von drüben zurückgekehrt sei, meinte der Kaiser.

Nach einem Jahr sollten sich die Versammelten zur gleichen Zeit im Palast erneut einfinden und vom Ergebnis ihrer Nachforschung berichten. Wer aber keinen Erfolg gehabt hatte und nichts zu sagen habe, der solle des Todes sterben, denn dann könne er am eigenen Leibe erfahren, wie es dort drüben zugehe.

Da erschraken die Gelehrten und Weisen sehr. Sie machten sich aber auf den Weg.

Pünktlich nach einem Jahr traten sie erneut vor den Kaiser. Sie brachten das Ergebnis ihrer Befragung und Überlegungen mit – keiner wollte sterben!

Einige berichteten, ein Zurückgekehrter habe erfahren, dass der Mensch nach dem Tode in eine wunderbare, überirdische, lichte Welt eingehe, wo es weder Streit noch Neid gebe und ewiger Friede herrsche. Andere wieder wollten gehört haben, jeder Mensch werde nach seinem Ableben von allen seinen Angehörigen und Freunden freudig empfangen und in diese Gemeinschaft wie im irdischen Leben wieder aufgenommen. Eine dritte Gruppe meinte, jeder Verstorbene kehre nach einer Zeit der Läuterung und Meditation auf die Erde zurück.

So gab es noch viele Meinungen, und bald brach zwischen den Gelehrten und Weisen ein lautes Gezänk darüber aus, wer wohl die Wahrheit gefunden habe; sie nannten sich gegenseitig Lügner und Betrüger, und bald herrschte im Kaiserpalast ein wildes Chaos. Der alte Kaiser aber war des schrillen Gezeters bald überdrüssig und befahl, die ganze Gesellschaft in den Kerker zu werfen.

Da bat ein alter weißhaariger Mann um Gehör. Der Kaiser hob seine Rechte, und alle verstummten. Es war ganz still.

»Herr«, sagte der Alte, »ich lebe schon viele Jahre auf dieser Erde, ich bin ein alter Mann, und der Tod schreckt mich nicht. Mir ist es gleich, ob Ihr mich richten lasst, wenn ich Euch die Wahrheit sage. Alles, was Ihr bisher gehört habt, dient den Erzählenden nur dazu, ihr Leben zu retten, denn kein Irdischer wird jemals wissen, was uns Menschen nach unserem Tod bevorsteht. Und wer darüber berichtet, lügt. Hört diese Fabel: Auf dem Grund eines Teiches leben hässliche, bösartige Larven. Wenn ihre Zeit gekommen ist, steigt jede Larve aus dem Wasser, um niemals zurückzukehren. Sie verspricht den Zurückbleibenden zu berichten, was nach dem Verlassen des Reiches geschehen ist. Denn die Frösche hatten das Gerücht verbreitet, dass sich jede Larve auf der anderen

Seite der Welt nach einer Zeit der Verpuppung in eine wunderschöne Libelle mit grazilem Leib und bunt schillernden Flügeln verwandelt. Aber keiner Libelle wird es je möglich sein, auf den Grund des Teiches zurückzukehren, um den Zurückgebliebenen Kunde zu bringen. So wissen die Libellenlarven bis zum heutigen Tag ebenso wenig wie wir Menschen, was nach dem Übertritt in die andere Welt geschehen wird, denn der Tod ist das größte Geheimnis des Lebens.«

Nach der Rede des alten Mannes war der Kaiser sehr nachdenklich geworden, er saß in sich gekehrt auf einem goldenen Thron und bewegte die Parabel in seinem Herzen. Und weil er nicht nur ein gestrenger, sondern auch ein kluger Kaiser war, ließ er den Greis nicht richten, vielmehr lobte er ihn und machte ihn wegen seiner Weisheit zu einem seiner Ratgeber.

Die Gesellschaft der Gelehrten und Weisen aber jagte er aus seinem Palast.

Werner A. Wolf

11. Totenfeier auf Bali

Thema	Die Menschen auf Bali freuen sich mit den Toten, weil diese endlich die Reise in eine bessere Welt antreten dürfen
Vorlesedauer	ca. 5 Minuten
Hinführung	Unvorstellbare Werte werden von den Balinesen beim Tod eines Angehörigen zerstört, weil sie fest glauben, dass diese Dinge jetzt für die Verstorbenen wertlos sind und diese jetzt in einer Welt voller Licht leben dürfen.

Der Sarg ist in der Mitte der Kapelle aufgebahrt. Blumen und Kränze umgeben ihn.

»Frau Gebhart ist für immer von uns gegangen, sie hat Ruhe und Frieden bei Gott gefunden«, sagt der Priester, und die Angehörigen, Freunde und Bekannten weinen leise. Markus schaut sich um. Überall sieht er

Tränen und Taschentücher bei den Trauernden. Markus ist nicht traurig. Er hat Großmutter selten gesehen und nicht besonders gemocht. Missmutig ist er ein wenig, weil er sieht, dass selbst Onkel Wolfgang in dunkler Kleidung, mit schwarzem Schlips und ernster Miene auf der Bank sitzt. Er ist nämlich sein Lieblingsonkel, weil er immer lustig, verschmitzt und stets bereit ist, über aufregende Dinge zu berichten.

Onkel Wolfgang hat viel zu erzählen, denn er hat schon die ganze Welt gesehen, so behauptet er wenigstens. Auf dem Nacken eines Elefanten ist er durch den Dschungel geritten, auf dem Rücken eines Pferdes hat er einen Vulkan bestiegen und auf dem Höcker eines Kamels ist er durch die Wüste getrabt. Heute, glaubt Markus, wird er nichts Spannendes erzählen, heute trauern alle um Großmutter.

Markus ist froh, als endlich der Sarg aus der Kapelle gebracht und zum Grab getragen wird. Der Trauerzug folgt. Markus hört, wie der Priester noch einmal sagt: »Gott hat sie zu sich genommen, sie ruht nun in Frieden.« Angehörige treten ans Grab und schaufeln Erde auf den Sarg.

Als endlich alle im Gasthaus zur Totenfeier versammelt sind, setzt sich Onkel Wolfgang neben Markus. Seine Haare sind schon nicht mehr so streng nach hinten gekämmt und sein Schlips umschließt nicht mehr so fest den Hemdkragen.

»Weißt du«, flüstert der Onkel und rührt nachdenklich in seiner Kaffeetasse, »vor vielen Jahren habe ich einmal eine Totenfeier auf Bali erlebt. Die Menschen waren festlich gekleidet. Männer, Frauen und Kinder trugen fein verzierte Sarongs und batikbunte Hemden und Blusen. Unter wildem Getöse wurden aus allen Himmelsrichtungen die geschmückten Verbrennungstürme zum Dorfplatz getragen.« Onkel Wolfgang rührt in der Tasse, schüttelt den Kopf und korrigiert: »Nicht getragen«, murmelt er, »nein, unter Gebrüll und Geschrei wurden sie von den Männern unter ständiger Drehung, damit böse Geister sich nicht einnisten konnten, herangeschaukelt. Das war nicht leicht, denn diese Verbrennungstürme waren teilweise bis zu zehn Stockwerke hoch. Masken aus Blattgold und Figuren aus Krepppapier zierten sie. An den Stützen flatterten bunte Wattebäuschchen, seidene Tücher und leuchtende Bänder. Als die Türme auf dem Dorfplatz versammelt waren, setzten die Frauen auf ihre

Köpfe Körbe, die gefüllt waren mit Blumen und Bambus, Obst und Gemüse, Reis und Kartoffeln. Sie trugen alles zum Verbrennungsplatz mitten im Urwald. Auf diesem Platz war ein prachtvoller Zug aufgebaut. Rabenschwarze Bambuspferde zogen hölzerne Wägelchen. Die Frauen stellten ihre Körbe dazu. Danach schleppten die Männer singend, musizierend und lachend die Verbrennungstürme heran, in denen die Toten ruhten. Immer wieder umkreisten die Menschen den Zug, der in die Ewigkeit fuhr, und führten Freudentänze auf. Damit sich auf dieser letzten Reise die Toten wohl fühlten, legte man ihnen Gebinde, Gemüse und Geschenke in die Wagen.«

Onkel Wolfgang schweigt, trinkt Kaffee, schaut Markus lange an. Der antwortet nicht, wartet geduldig.

Der Onkel fährt fort: »Nach einer Weile nahm der Dorfälteste eine Fackel und zündete die ganze Pracht an, alles ging in Flammen auf. Wertvolle Tücher, goldverzierte Masken, holzgeschnitzte Tiere, die Arbeit von Monaten verbrannte im Nu.«

»Sinnlos«, brummt Markus.

»Oh nein, Markus. Der verkohlte Rest erinnert die Zurückgebliebenen, dass alle Güter, alle Pracht, aller Reichtum mit dem Tod bedeutungslos werden.«

Markus schaut sich um, fragt zögernd: »Hat wirklich kein Balinese geweint?« »Nein, keiner; alle haben sich mit den Toten gefreut, weil sie endlich die Reise in eine bessere Welt antreten durften, in eine Welt voller Licht! Die Balinesen glauben nämlich ganz fest an das Leben im Licht.«

Heribert Haberhausen

12. Es gibt keinen Tod, nur ein Verwandeln

Thema	Beim Tod eines Menschen stellt sich die Frage nach dem »Warum« besonders intensiv
Vorlesedauer	ca. 4½ Minuten

Hinführung Wenn liebe Menschen sterben, sind wir oft fassungslos und hilflos. Wir fragen: Warum musste das geschehen? Werden wir uns einmal in einem anderen Leben wiedersehen? Eine Geschichte aus einem ganz anderen Kulturkreis gibt eine überraschende Antwort.

Der Sohn des Seidenspinners Tschi Lan war jung gestorben. Der Vater ging traurig zum Weisen Meng Tse und fragte: »Warum muss der Mensch sterben?«

Der Weise antwortete: »Der Mensch stirbt nicht! Du weißt es doch von deinem Beruf her: Aus den Eiern deiner Spinner schlüpfen die Raupen, die den Kokon durchbrechen und eine neue Brut hinterlassen. Ei, Raupe, Spinner sind nicht das Gleiche, aber zusammen gesehen, wirkt sich das Leben immer fort. Ist das nicht eine Art von ewigem Leben, das nie stirbt?«

Sie saßen lange schweigend. Dann sagte der Seidenspinner: »Ich weiß, du sprichst in Bildern, aber ich will mich der Wahrheit beugen.«

Da sagte der Weise noch ein Letztes, während sein Antlitz schon mit der Dunkelheit verschwamm: »Ja, schärfe dein Auge! Es gibt keinen Tod. Alles Leben ist nur ein Gleichnis. Trage deine Trauer in diese Sicht der Dinge, die über dein Inneres große Ruhe ausbreiten wird.«

13. Jedermann

Thema Auch in Theaterstücken und Spielszenen um den Tod finden wir die Gedanken, dass es ein Weiterleben und eine Gerechtigkeit Gottes gibt

Vorlesedauer ca. 1½ Minuten

Hinführung Wir hören die Inhaltsangabe des »Jedermann-Schauspiels«, das jährlich Tausende nach Salzburg lockt.

Im Jedermann-Spiel soll der Tod den reichen »Jedermann« vor Gottes Richterstuhl bringen. In vollen Zügen genießt Jedermann das Leben, spielt Macht, Gold und Besitz aus und umgibt sich mit schönen Frauen und vielen Freunden. Hartherzig begegnet er armen Menschen, die ihn vergeblich anflehen, ihre Schulden nicht unbarmherzig einzutreiben: Nein, er lässt sie in den Schuldnerturm werfen. Er schenkt auch seiner Mutter kein Gehör, mehr an Gott zu denken und seine erbarmende Liebe ernst zu nehmen.

Ein festliches Bankett ist bereitet: Die Spielleute sind da, die Freunde finden sich ein, die Geliebte wartet. Da umschleicht Todesahnung sein Herz, er fällt in trübsinniges Schweigen. Mitten im Trubel erscheint der Tod und fordert Jedermann auf, ihm zu folgen. *Eine* Person darf er mitnehmen. Doch niemand will mit ihm gehen, alle flüchten. Selbst der »Mammon« versagt sich ihm. Nur seine Werke waren bereit, ihm zu folgen. Doch das sind die rechten Begleiter für eine solche Reise nicht.

Endlich findet er ein Geleit: Es ist die einst so verspottete Schwester Glaube. Sie erzählt von Jesus. Ein Funke Hoffnung leuchtet in ihm auf. So sinkt er nieder zum Gebet. Der Teufel kann ihm nichts mehr anhaben. In Hoffnung folgt er ruhig dem Tod.

14. Am Kreuz wird es hell

Thema	Das Kreuz als Zeichen der Erlösung
Vorlesedauer	ca. 1½ Minuten
Hinführung	Ein Beispiel aus der Bergwelt zeigt gleichnishaft, wie nach einem langen, mühsamen Weg der Unsicherheit am Kreuz der Nebel aufbricht.

Es war im Herbst in den bayerischen Bergen. Im Tal lag eine dichte Nebeldecke. Eine Gruppe von Urlaubern aber wollte sich mit diesem Grau in Grau nicht zufriedengeben, sie wollte doch etwas erleben von der Schönheit der Alpenwelt. So stiegen sie den Berg hinauf in der Hoffnung, dass doch bald die Sonne kommen und alles in ihrem goldenen Licht erstrahlen müsste. Doch eine Viertelstunde, eine halbe Stunde, mehr als eine Stunde verging: Im dunklen Bergwald und um die grauen

Felswände herum erschienen die Wolkennebel nur noch dichter. Schließlich kam ihnen ein Einheimischer von oben her entgegen.

Sie fragten ihn: »Sagen Sie, nimmt denn der Nebel gar kein Ende? Sollen wir weitersteigen, oder sollen wir umkehren?«

Der Einheimische antwortete: »Ihr müsst bis zum Kreuz hinauf, dort ist alles hell.«

Und so war es wirklich: Am Gipfelkreuz war der Nebel zu Ende, fast wie abgeschnitten. Eine strahlende Sonne leuchtete von einem herrlich blauen Himmel, und rings im Kreis grüßten Berggipfel neben Berggipfel, wie zum Greifen nah.

Damit andere leben

. . . .

15. Der dumme Martinez

Thema	Ein Schüler opfert sich trotz Ablehnung durch die anderen!
Vorlesedauer	ca. 3 Minuten
Alter	Grundschule
Hinführung	Würdest du einem Mitschüler, der mit dir nichts zu tun haben will, im Ernstfall beistehen?
	Und überlege mal, was meinst du: War er wirklich so dumm gewesen, der kleine dumme Martinez, von dem wir nun hören?

In der Schule von Desiderial ist ein Junge namens Martinez, der kann nicht rechnen und nicht schreiben und nicht lesen. Er kann nur Blumen gießen und Hefte austeilen, und die Landkarte aufhängen, ja, das kann er auch, und das tut er sogar am liebsten. Keiner weiß so gut mit dem verzwickten Kartenständer und der langen Schnur umzugehen, die daran ist und durch allerlei Ösen und Haken läuft. – Die Kinder mögen Martinez nicht gern und nennen ihn den »dummen Martinez«.

Eines Tages sagte der Lehrer: »Martinez, bleib heute nach dem Unterricht mit Jo in der Klasse und mach das Aquarium sauber.« Das tut Martinez gern, aber Jo, der ist gar nicht gern mit Martinez zusammen. Er spricht kein Wort mit ihm.

Auf einmal hören die beiden Jungen aufgeregte Schreie. Ist es auf der Straße? In der Schule? Im Flur hört man Rufen und bald dringt ein beißender Geruch in die Klasse. Jo reißt die Tür auf. Qualm und Flammen schlagen ihm entgegen. Die Schule brennt!

»Martinez! Martinez!«, schreit Jo. »Hilf mir! O weh, wir verbrennen!« Das Feuer kommt schon in die Klasse, frisst sich in den Fußboden ein, packt die ersten Bänke. Die einzige Rettung wäre ein Sprung aus dem

Fenster. Doch das ist acht Meter über der Straße. Da läuft Martinez zum Kartenständer. Flink wie eine Katze knotet er die Schnur los, reiht sie flink aus den Ösen, löst sie von den Aufhängehaken, bindet sie mit geschickten Griffen Jo unter den Armen um die Brust und eilt mit ihm ans Fenster. Vorsichtig klettert Jo auf das Sims, hält sich an den Steinen, am Blitzableiter, am Antennendraht. Dann muss er springen. Oben steht Martinez und hält die Schnur; sie schneidet scharf in seine Hand. Als Jo gerade wohlbehalten unten ankommt, ist auch die Feuerwehr zur Stelle. Doch die Flammen haben den dummen Martinez schon ganz verbrannt. Die Leute, die durch das Sirenengeheul der Feuerwehr auf den Brand aufmerksam geworden und zur Schule gelaufen waren, stehen stumm auf der Straße, und einer fragt den anderen: »Wer war es?« Und sie antworteten einander: »Es war der Martinez, der kleine Dumme, wissen Sie?«

Josef Quadflieg

16. Ein Hörnlein bläst den Tod an

Thema	Sein Leben für einen anderen hingeben
Vorlesedauer	ca. 3½ Minuten
Alter	Grundschule
Hinführung	Ein Sprengmeister gibt sein Leben hin für ein Kind.

Eines Morgens im Sommer kam für Herrn Busch, der im Steinbruch arbeitete, ein wichtiger Brief an. Frau Busch, die wusste, wie sehr ihrem Mann an dem Brief gelegen war, rief den kleinen Oskar sogleich vom Fußballspielen herein, wusch und kämmte ihn, steckte ihm den Brief in die Tasche und schickte ihn zum Steinbruch.

»Eil dich, Oskar«, sagte die Mutter, »denn der Vater wird sich über den Brief freuen, und komm rasch wieder zurück, damit ich mir keine Sorgen zu machen brauche!«

Oskar kannte den schmalen Weg, den er gehen durfte, ganz allein, und er wusste auch die anderen Wege, die zu gefährlich waren. Er schritt rüstig aus und flötete, als er den Waldrand erreichte. In einer Viertelstunde würde er im Steinbruch sein. Als er nur noch wenige hundert Schritt von dem großen Steinbruch entfernt war, hörte er ein Hörnlein blasen, und der Ton schien ihm gerade von dorther zu kommen, wo er hinwollte. Er ging also etwas schneller, um im Steinbruch den Mann mit dem lustigen Hörnlein zu finden.

Als der Junge aber in dem großen Rund des Steinbruchs ankam, war weit und breit kein Mensch zu sehen. Die Wagen waren zur Seite geschoben, und die Arbeiter, die sonst an den steilen Wänden standen und pickten und hackten, waren nicht da.

Das Hörnlein, das Oskar gehört hatte, war aber vom Sprengmeister zur Vorsicht geblasen worden. Sie hatten Pulver in den Fels geschüttet, und dann waren alle Männer weit fortgelaufen, weil der Sprengmeister die lange Zündschnur schon angezündet hatte und in einer halben Minute der große Fels hoch in die Luft fliegen sollte.

Oskar wusste von alldem nichts und stand mutterseelenallein mit seinem Brief mitten im Steinbruch. Als er aber den Vater nirgendwo sah, begann er »Vater, Vater!« zu rufen. Der Vater aber war weit weg, in einer festen Bauhütte, nur der Sprengmeister war noch in der Nähe. Er hörte das Kind schreien. Vorsichtig lugte er aus dem Loch, das er sich zum Schutz gegraben hatte. Ein eisiger Schrecken durchfuhr ihn. Ehe man bis zwölf gezählt hätte, würde der ganze Fels hochfliegen, und die Trümmer würden das arme Kind dort erschlagen!

Er rief – aber Oskar fand nicht heraus, von wo der Ruf kam. Da sprang der Meister kurzerhand aus seinem Schutzloch – noch sechs Sekunden! – rannte mit Riesensätzen zu dem Kind hin und riss es fort. Er zerrte es am Arm mit sich – vier Sekunden! –, dann aber krachte der Sprengschuss schon mit mächtigem Getöse, und in Staub und Wolken prasselten die Felsblöcke hernieder.

Der Sprengmeister warf sich auf den Boden und warf im Fallen den kleinen Oskar unter sich.

Dann kamen die Männer aus ihren Verstecken. Sie fanden den Sprengmeister tot. Er hatte mit seinem Hörnlein seinen eigenen Tod angeblasen. Ein großer Steinblock hatte seinen Kopf zerschmettert. Unter ihm aber lag der kleine Junge und war unversehrt, wenn er auch, aber nur vor Schrecken, laut schrie.

Josef Quadflieg

17. Sekunden der Entscheidung

Thema	Opfertod eines Fliegers
Vorlesedauer	ca. 3½ Minuten
Hinführung	Häufig lesen wir in der Zeitung, dass Menschen in Notsituationen ihr Leben für andere Menschen hingeben. Welch große Liebe!

In diesem Augenblick wusste Archibald Atkins, dass er die Sonne zum letzten Mal sah. Es war eine späte, tief stehende Sonne, ihr violett goldener Kranz zeigte bevorstehende, unbarmherzige Kälte an, und doch war sie ihm noch nie so schön erschienen…

Er hätte aussteigen können. Eben noch. Vor ein, zwei Sekunden. Zwei-, dreitausend Meter, das hätte gereicht. Er hatte den Fallschirm schon umgeschnallt. Aber diese wenigen Sekunden hatten genügt, einen Entschluss zu fassen. Es gab keinen anderen Ausweg, überhaupt keinen Ausweg. Man musste sich entscheiden. Entscheidungen wie diese wurden in größter Einsamkeit und Verlassenheit gefällt. Und Archibald Atkins war einsam und er war allein.

»Steigen Sie aus, Atkins …«, erklang die Stimme des Mannes von der Flugsicherung im Kopfhörer.

Er hörte nichts. Er fühlte nichts. Er sah nur durch das Fenster der Bordkanzel die Erde auf sich zurasen, immer näher kommen, die wenigen Häuser, die schnurgeraden, zwischen den dunklen Feldern in der Sonne blinkenden Straßenzüge.

Er dachte an Mary und die Kinder. Er dachte daran, dass Jack gestern drei Jahre alt geworden war. Er dachte an sein aufkreischendes Lachen und an die Sommersprossen in seinem Gesicht, genau wie Mary sie hatte. Und er dachte an Helen, die jetzt bei ihren Schulaufgaben sitzen mochte und wie immer mit ärgerlicher Stimme ihre Mutter bat, Jack in den Garten hinauszuschicken.

Den Flugplatz konnte er nicht mehr erreichen. Das Höhenruder klemmte. Er wusste, was das bedeutete bei einer Probemaschine wie dieser. Es war das Ende.

Dann eine andere Stimme im Kopfhörer. »Atkins, steigen Sie aus. Sofort!« Es war der Commander persönlich. »Ich befehle es Ihnen.« Nein, es gab keine andere Lösung mehr für ihn. Er hatte kaum noch Spielraum. Ein, zwei Millimeter, wenn er das Höhenruder ganz hart anzog. Zwei Millimeter. Das war ein halber Kilometer bei dieser Geschwindigkeit. Und darauf kam es an. »Atkins, steigen Sie aus!«

Da, jetzt war die Schule unter ihm. Eine kleine Dorfschule nur, mit wenigen Kindern. Und es waren Kinder darin, Kinder wie Helen, so ungeduldig, Kinder wie Jack, so sommersprossig. Der Flugzeuglärm störte sie jetzt da unten beim Unterricht. Sie würden aufblicken. Aber sie waren es gewohnt, dass Düsenmaschinen so tief über sie hinwegrasten. Der Flugplatz lag ja ganz in der Nähe.

»Nein, Sir ... –, die Schule.« Die Kinder würden den Aufschlag spüren, weit entfernt, und die Fensterscheiben würden ganz leise klirren. Sie würden sich schweigend ansehen, sekundenlang ... »Weiter, Kinder«, würde der Lehrer sagen, »es war nichts ... nun mal weiter, also, wer war gerade dran ...?«

Archibald Atkins glaubte noch, ein leises Aufstöhnen der Erde zu vernehmen über die Wunde, die er ihr zufügte, dann umfingen ihn ihre mütterlichen, warmen, alles verzeihenden Arme ...

Einen Tag lang hatten die Rettungsmannschaften zu graben, bis sie an das Wrack herankamen.

Helmut Pätz

18. Das sonderbare Bild

Thema   Tod eines Feuerwehrmannes. – Dabei lässt sich der Bezug
               zum Opfertod Christi herstellen
Vorlesedauer   ca. 3½ Minuten
Hinführung   Immer, wenn ein Mensch sein Leben für einen anderen
               hingibt, stehen die Menschen stumm da vor solch einer
               Liebe.

Beim Versteckspiel in der Wohnung der Freundin entdeckte Sabine mitten im Suchen über dem Bett ihrer Freundin Nicole ein seltsames, eingerahmtes Bild: etwas Blaugraues mit schwarzbraunen Rändern und einem Loch in der Mitte. Sie nahm gerade das komische Etwas von der Wand, um es sich genauer anzusehen, da stand schon Nicole neben ihr, riss ihr mit hochrotem Kopf das Bild aus der Hand und sagte ärgerlich: »Lass meine Sachen in Ruh' – das geht dich nichts an!« Aber auch Sabine war nicht auf den Mund gefallen: »So ein blöder, alter Lappen an der Wand, was soll das?«

Die schönste Zankerei war gleich im Gange, als Frau Hofer von der Arbeit nach Hause kam. Mit einem Blick sah sie, was geschehen war. »Kommt«, sagte sie, »vertragt euch. Sabine kann ja nicht wissen, worüber sie lacht. Nicht wahr, Nicole, wir wollen es ihr erzählen.« So erfuhr Sabine die Geschichte des sonderbaren Bildes:

Als Nicole drei Jahre alt gewesen war, waren die Eltern eines Abends ins Theater gegangen. Als sie heimkamen, schlugen ihnen aus den Fenstern ihrer Wohnung Flammen und Rauchwolken entgegen. Viele Leute drängten sich unten auf der Straße. Auch die Feuerwehr war schon da. Es war ein schreckliches Durcheinander und Rufen und Laufen und Gedränge gewesen. Aber Nicoles Mutter hatte alles das gar nicht wahrgenommen. »Mein Kind«, hatte sie nur immer wieder gerufen, »mein Kind – es ist in der Wohnung!« Mit Gewalt hatte man sie festgehalten, als sie in das brennende Haus laufen wollte. Da hatte ein junger Feuerwehrmann die lange Brandleiter an das Fenster gelegt, war flink hinaufgeklettert und in der Glut verschwunden, ehe die Leute recht begriffen, was da vor ihren Augen geschah. Totenstill hatten sie auf einmal dagestanden und zu dem Fenster hinaufgeschaut. Würde er es schaffen? Würde er das Kind retten?

Da tauchte er am Fenster auf. In den Armen hielt er ein Bündel – es war Nicole. Mit letzter Kraft kam er von der Leiter herunter. Er brach zusammen. Zwei Tage später starb er im Krankenhaus – Nicole aber lebte.

Frau Hofer schob Sabine das Bild hin. »Sieh«, sagte sie, das ist ein Stückchen von dem Rock, den er trug. Die Ränder sind versengt, und ein Loch ist hineingebrannt. Aber jetzt wirst du verstehen, warum das Bild kostbarer ist als alle anderen, die wir besitzen, und warum es über Nicoles Bett hängt.«

»Ja«, sagt Sabine still, »jetzt verstehe ich es. Wenn er nicht sein Leben eingesetzt hätte, wäre Nicole tot.« Und ganz vorsichtig hängte sie das kostbare Bild wieder an den Nagel, von dem sie es vorhin abgenommen hatte.

19. Er opferte sich für den Bruder

Thema	Ein Elfjähriger geht für seinen kranken Bruder in Geiselhaft
Vorlesedauer	ca. 2 Minuten
Hinführung	Stellvertretend für einen anderen einspringen erfordert selbstlose Liebe.

Am Nachmittag dieses Frühlingstages fuhr im sardischen Olbia der Möbelhändler Francesco Carassale mit seiner Frau und seinen drei Jungen zu seiner Villa vor der Stadt. Der Wagen hatte gerade das Tor zum Grundstück passiert, als aus dem Gebüsch maskierte Banditen auftauchten und mit vorgehaltener Waffe Halt geboten. Alle fünf Carassales mussten das Auto verlassen und ins Haus gehen. Dort wurden sie gefesselt. Den zu Tode erschrockenen Gefangenen erklärte einer der Banditen beschwichtigend, man brauche nur für etwa zwei Stunden ein Auto. Man werde sich den Wagen Carassales ausleihen und – damit nicht sofort Alarm geschlagen werde – einen der Jungen als Geisel mitnehmen. Der Verbrecher ergriff auch schon die Hand des ältesten der drei Carassales-Söhne, des an Asthma leidenden 14-jährigen Enrico.

In diesem Augenblick geschah das, was die Lesebücher Italiens noch lange nacherzählen werden: Enricos elfjähriger Bruder Mauro hielt den Banditen auf. »Enrico geht es nicht gut«, rief er. »Nehmt mich mit! Ich komme mit euch.«

Aus zwei Stunden wurden dann 70 Tage. Über zwei Monate hielten die Banditen ihre Geisel gefangen, schleppten sie durch die Wildnis der sardischen Berge. Bis Vater Franceso in Raten wenigstens einen Teil der anfänglich geforderten Lösegeldsumme im Gegenwert von rund 1,2 Millionen Euro bezahlen konnte. Vergeblich blieben alle humanitären Aufrufe, auch das Flehen des Papstes. Mauro musste für seine mutige, selbstlose Haltung zahlen, solange sein keineswegs wohlhabender Vater nicht die Minimalforderung der Erpresser erfüllt hatte.

20. Der Co-Pilot springt nicht

Thema	Um der Kinder willen opfert sich der Co-Pilot
Vorlesedauer	ca. 6 Minuten
Hinführung	Jesus sagte einmal: Die größte Liebe ist, wenn einer sein Leben hingibt für andere. Wir hören ein Beispiel.

Urplötzlich setzten beide Motoren aus. Es gab einen kurzen Knall wie von einer kleinen Explosion. Dann spielten die Instrumente in der Flugzeugkanzel verrückt. Die Maschine verlor an Höhe. Der Pilot riss den Steuerknüppel herüber. Die Instrumente machten nicht mehr mit. Dann kam die kleine Stichflamme aus dem hinteren Ansatz zwischen Motorverkleidung und Tragfläche.

Eine Notlandung war nicht mehr zu umgehen. Der Flugplatz lag noch gut zehn Flugminuten entfernt. Pilot Hartmann dachte fieberhaft nach, während er die Handgriffe zur Landung automatisch vollzog. Der Co-Pilot versuchte inzwischen, Herr der Instrumente zu werden. Die Sicherung? Oder war die Stromzuführung durch die Explosion unterbrochen? Die Flamme wurde nicht viel größer, schwarzer Qualm entwickelte sich. Vielleicht war eine der Spritleitungen undicht geworden und der Treibstoff war ausgeflossen und ans glühende Motormetall gekommen? Der Co-Pilot arbeitete mit der Präzision einer Maschine, während Pilot Hartmann zur Notlandung manövrierte.

Geradeaus waren der Fluss und die Autobahn. Da ging es nicht. Links lag der Wald. Nach rechts musste man die Maschine hinüberdrücken und dann gleiten lassen. Die zweimotorige Maschine verlor schnell an Höhe. Die Flamme an der Tragfläche wurde größer, der Wind fetzte den schwarzen Qualm auseinander. Es wurde kaum etwas gesprochen zwischen den beiden Männern. Außer ihnen war kein Mensch an Bord.

Das brennende Flugzeug fegte über das Waldstück, dann kam die Wiese, auf der sie landen mussten. Es gab keine andere Möglichkeit. Das Fahrgestell musste drinbleiben. Bei der Unebenheit solcher Wiesen hätte sich die dahinjagende Maschine bei einer regelrechten Landung überschlagen. Es kam nur eine glatte Bauchlandung in Frage, und dann raus. Der Brand würde rasch um sich greifen, eine Spritexplosion auslösen.

Der Pilot schätzte: etwa dreihundert Meter über dem Erdboden, weiter, tiefer. Die Maschine stürzte im Gleitflug der Erde entgegen. Seitenleitwerk herumreißen! In die Kurve legen. Die Wiese war bereits überflogen. Die Maschine gehorchte nicht mehr genau. Eine neue Schleife kreuzte die Autobahn. Noch weiter herum! Da! Ein Fußballplatz mit einer Schneise, die als Anfluglinie genügen würde.

Und dann erkannten beide, dass Kinder auf dem Platz ein Spiel austrugen. Der Co-Pilot spürte kalten Schweiß. Pilot Hartmann biss die Zähne aufeinander. Er hatte selbst Kinder zu Hause. Es gab nur eine Möglichkeit, die letzte Chance: eine Tiefkurve, dann Kreismanöver zu neuem Ansetzen. Die Kinder mussten gewarnt werden. Sie mussten augenblicklich den Platz verlassen. Der Platz war die letzte Landechance.

Hartmann wollte winken. Vergeblich! Dann hatten sie unten auf dem Platz die heranjagende Maschine gesehen, nicht aber die Gefahr erkannt. Sie winkten herauf, anstatt wegzurennen. Sie mochten glauben, die Maschine drehe eine Ehrenrunde über dem Spielfeld. Die Nerven waren aufs äußerste gespannt. Dann hatte einer der Fußballspieler die Rauchfahne erkannt und auch die herauszüngelnden Flammen. Es entstand eine Panik unter den Spielern, während die Maschine unablässig an Höhe verlor und auf die Erde zustürzte. In ihrer Aufregung warfen sich die spielenden Kinder auf den Boden, anstatt wegzurennen und das Feld freizugeben. Damit war die letzte Chance verbaut. In diesem Augenblick sprang der Co-Pilot auf, riss seinen Kameraden aus dem Sitz, schrie ihm zu: »Lass mich ran! Denk an deine Familie!« und drückte seinen Kollegen Hartmann zur Seite.

Der Co-Pilot war unverheiratet. Hartmann hatte fünf Kinder. Es gab keine Wahl mehr. Die Bauchlandungschance auf flachem Boden war verbaut. Der Co-Pilot saß am Steuerknüppel und riss die Maschine verzweifelt hoch. Sie gerieten über den Wald und kreuzten wieder die Autobahn. Alles vollzog sich im Bruchteil von Sekunden. Aber für die beiden Männer wurden sie zu Ewigkeiten.

»Abspringen!«, schrie der Co-Pilot, und noch einmal: »Abspringen!«

Die Maschine war nicht mehr zu retten. Die beiden Männer machten sich sprungfertig. Der Co-Pilot drängte Hartmann vor und wollte nachspringen.

Da tauchte unvermutet hinter dem Waldstück ein Dorf auf, eine kleine Siedlung, auf die die Maschine zujagte. Der Co-Pilot blieb sitzen, während Hartmanns Schirm sich eben kurz über dem Boden öffnete. Noch ein Druck auf den Steuerknüppel, halbe Rechtskurve. Dann hörte es der Co-Pilot krachen. Es war das Letzte.

Eine Stunde später wurde er aus den Trümmern der abgestürzten Maschine, deren linke Tragfläche abgerissen und verbrannt war, tot geborgen.

Das kleine Dorf war gerettet. Und die Kinder auf dem Fußballplatz wussten nicht, dass sich einer für sie geopfert hatte.

Pilot Hartmann, der manche schwierige Situation gemeistert hatte, brach zusammen, als sie den Co-Piloten mit einer Plane bedeckten. Ein Feuerwehrmann fing ihn auf und winkte die eben eingetroffenen Sanitäter heran.

21. Die sechs Bürger von Calais

Thema	Stellvertretend für andere sein Leben anbieten
Vorlesedauer	ca. 2 Minuten
Hinführung	Es gibt eine Liebe, die ein Herz aus Stein schmelzen lassen kann.

Im Jahre 1347 belagert das Heer des englischen Königs Edward die französische Seestadt Calais. Rings um die Stadt hindert ein aufgeworfener Wall jeden Kontakt zur Außenwelt. Bald bricht die Hungersnot aus: Zuerst sterben ältere Menschen, dann auch die Säuglinge, denen die Mütter keine Milch mehr geben können. Schließlich sind auch die Männer sehr geschwächt. An ernsthaften Widerstand ist nicht mehr zu denken. Da verlangt ein Bote des Königs Edward am Tor Einlass. Er meldet dem Stadtobersten: »Mein König wird diese so reiche Stadt in den nächsten drei Tagen erstürmen und verbrennen. Alle werden sterben müssen: Männer, Frauen und Kinder.«

Da fragen die Bürger: »Gibt es keine Rettung?«

»Doch«, antwortet der Bote, »wenn die sechs vornehmsten Männer der Stadt bereit sind, für euch zu sterben. Sie sollen morgen früh ins englische Lager kommen: barfuß, einen Strick um den Hals, nur mit einem Hemd bekleidet.«

Die schreckliche Nachricht geht wie ein Lauffeuer durch die Stadt. Was wird geschehen? Denken die oberen Zehntausend nur an sich?

Die sechs Vornehmsten aber sprechen: »Immer haben wir versucht, mit unserer Arbeit und unserem Reichtum den Menschen dieser Stadt treu zu dienen. So sind wir bereit, morgen unser Leben hinzugeben – stellvertretend für alle in der Stadt!« Und die Bürger knien sich weinend hin und beten laut für diese selbstlosen Bürger.

Am nächsten Morgen ziehen die sechs ins Lager des Königs. Der schaut sie verächtlich und spöttisch an. Ein Henker steht mit dem Schwert bereit, sie alle zu enthaupten. Da wirft sich die Königin vor dem König auf die Knie und legt Fürbitte für die Männer ein: »Schone die Stadt und diese Männer, weil sie bereit sind, ihr Leben für andere zu geben!«

Erst nach langem Zögern lässt sich der König umstimmen. Er verzeiht der Stadt und schenkt allen das Leben, weil die Vornehmsten bereit sind, ihr Leben für die Menschen in der Stadt zu opfern.

22. Das Opfer

Thema	Opfertod
Vorlesedauer	ca. 1½ Minuten
Hinführung	Jesus ist für die Menschen gestorben. Das verstehen manche nicht. Wer Harry Potter gelesen hat, weiß, dass seine Eltern für ihn starben und so einen Schutzschild um Harry gelegt haben, den die »Dementoren« oder der böse Voldemort nicht durchdringen konnten. Wir hören von einem Beispiel aus der Natur:

In dem Filmbericht »Dass grüne Geheimnis« wird das Leben in den Urwäldern Südamerikas geschildert. Hirten müssen eine Büffelherde über den Fluss bringen. Drüben ist frisches Gras; an diesem Ufer ist bereits alles abgeweidet. Im Fluss aber sind die Piranhas, Millionen kleiner beutegieriger Fische mit scharfen Zähnen. Die Hirten nehmen einen Büffel, ritzen ihn blutig und treiben ihn in das Wasser. Das Opfer bäumt sich hoch, schlägt um sich und schreit in Todesschrecken. Um das Opfer herum wird es blutrot. Wenn es sich aus dem Wasser reißt, sieht man herausgefressene Lücken in seinem Leib.

Das Ende dieses furchtbaren Opferganges ist ein abgenagtes Skelett, das die Fluten mit sich treiben. Aber die Herde ist gerettet. Oberhalb dieser Opferstätte werden sie wohlbehalten den Todesstrom überqueren können.

23. Er erniedrigte sich selbst

Thema   Nächstenliebe im Geist Christi: Sich selbst zurückneh-
men, um damit einem anderen Ansehen und Leben zu
geben

Vorlesedauer ca. 2 Minuten

Hinführung Wer einem Menschen Ansehen gibt, schenkt Leben.

Ein Fürst in China – ein Mandarin – gibt ein großes Fest. Viele angese-
hene Bürger sind eingeladen. Die meisten Gäste kommen mit vornehmen Kutschen. Es beginnt zu regnen. Vor der Toreinfahrt bildet sich eine
große Pfütze. Ein Wagen hält direkt neben der Pfütze. Ein vornehm
gekleideter, älterer Herr steigt aus, bleibt am Trittbrett hängen und fällt
der Länge nach in die Pfütze. Mühsam erhebt er sich wieder. Er ist von
oben bis unten beschmutzt und sehr traurig. Denn so kann er sich auf
dem Fest ja nicht mehr sehen lassen. Ein paar andere Gäste machen
spöttische Bemerkungen. Ein Diener, der den Vorfall beobachtet hat,
meldet ihn seinem Herrn, dem Mandarin. Dieser eilt sofort hinaus und
kann den beschmutzten Gast gerade noch erreichen, als dieser zurück-
fahren will. Der Mandarin bittet den Gast, doch zu bleiben, ihm würde
der Schmutz an seinen Kleidern nichts ausmachen. Doch der Gast hat
Angst vor den Blicken und dem Getuschel der Leute und lehnt ab. Da
lässt sich der Mandarin mit seinen schönen Gewändern in dieselbe
Pfütze fallen, so dass auch er von oben bis unten voller Dreck ist. Er
nimmt den Gast an der Hand und zieht ihn mit sich. Sie gehen beide,
beschmutzt wie sie sind, in den festlich geschmückten Saal.
Keiner wagt es, etwas über den schmutzigen Gast zu sagen!

Ralf Johnen

Aus den Wundern in der Natur spricht das Weiterleben

. . . .

24. »Auferstehung« im Asphalt

Thema	Selbst den Asphalt kann der Löwenzahn durchbrechen
Vorlesedauer	ca. 1 Minute
Hinführung	Wenn wir in der Natur mehr nach rechts und links schauen, können wir Wunder gleich am Wegrand sehen.

Sie hatten den Wanderweg am Bach entlang asphaltiert. Jetzt wurde er auch für Fahrräder freigegeben. Einerseits verständlich, andererseits ärgerlich, weil wieder ein Stück lebendiger Erde nicht mehr atmen kann. Ich suchte mir einen anderen Spazierweg, denn Fahrradkarawanen nehmen die Beschaulichkeit.

Zwei Jahre später ging ich gegen Abend doch nochmals den alten Weg. An zwei Stellen blieb ich stehen, wunderte und freute mich: Da war doch der Asphalt am Rand aufgebrochen. Gras und Löwenzahn hatten sich hindurchgezwängt und sich nicht unterkriegen lassen! Besonders das pralle Gelb der Löwenzahnblüten hatte es mir angetan. Und eine Pusteblume deutet bereits an: »Mit uns müsst ihr rechnen. Das ist nicht alles! So leicht lassen wir uns nicht unterkriegen!«

Ein Stück Auferstehung aus dem Asphalt.

25. Wunder in der Wüste

Thema	»Die Wüste blüht« nach einem starken Regenguss
Vorlesedauer	ca. 2 Minuten
Hinführung	Eine Wüste sieht unendlich eintönig aus. Aber wenn einmal Regen gefallen ist …!

»Noch fünf Kilometer«, sagt Abdullah, und es klingt wie eine Erlösung, »noch fünf Kilometer und wir erreichen ein Haus, in dem wir nächtigen werden.«

Seit Stunden fährt unser Jeep durch die Wüste, die Zone des Todes, wie die Menschen sie hier nennen. Die Sonne hat mit ihren todbringenden Strahlen alles ausgetrocknet.

Jemand, der bei dreißig Grad stöhnt, wenn er im Schatten eines Apfelbaumes sitzt und seine Füße im Wassereimer kühlt, kann sich die Sonne der Wüste nicht vorstellen. Hier, wo kein Baum, kein Strauch, kein Felsen Schatten spendet, wird die Sonne, Ursprung des Lebens, zum Gevatter Tod. Kein Leben weit und breit, nur Sand und Steine. Dazu die Spiegelungen, die Wasserstellen vortäuschen. Stumpf hocken wir auf den Sitzen, die Kleider kleben am Körper, die Zunge ist geschwollen. Um uns Land des Todes!

»Heute Nacht wird es regnen«, sagt Abdullah. Wir glauben ihm, obwohl keine Wolke am Himmel zu sehen ist. Keiner fragt.

Was Abdullah sagt, geschieht. So erreichen wir auch das Haus, das er angekündigt hat. Es ist verfallen. »Warum«, denke ich, »wurde es je gebaut, wurde es hier erbaut mitten in der Wüste? Hier, wo alles Leben verloschen ist, wo nur der Tod regiert.«

In der Nacht prasselt Regen auf das Dach. Was wir in der Morgensonne sehen, wird keiner glauben, der das nie erlebt hat. Begreifen können wir es nicht: Dort, wo nur Sand und Steine lagen, kein Pflänzchen sich zeigte, blühen Blumen, bunte Blumen, farbenprächtige Gewächse. Das Leben hat den Tod überwunden.

Heribert Haberhausen

26. Das Märchen vom Veilchen am Nordpol

| Thema | Neues Leben – Frühling – Auferstehung |
| Vorlesedauer | ca. 30 Sekunden |

Die Schneeglöckchen sind mit die ersten Blumen, die bei uns das Frühjahr einläuten. Oder die Veilchen. Aber eine/r muss den Anfang wagen, damit Neues entstehen kann.

Alle sind erstaunt: Ein Veilchen, das vor Frost zittert, durchdringt mutig mit seinem süßen Duft die eisige Luft, die es umweht. In der Nacht erbebt darum der ganze Pol, und das ewige Eis erzittert und bricht an manchen Stellen wie Glas. Und das Veilchen duftet, als wolle es die unendliche Eiswüste auftauen. Als es schließlich an Überanstrengung stirbt, denkt es: »Es musste doch irgendjemand mit Duften anfangen! Eines Tages werden Millionen Veilchen hier blühen: Das Eis wird auftauen. Es wird hier Inseln geben und Häuser und Kinder ...«

27. Die Auferstehungsblume

Thema	Auferstehung
Vorlesedauer	ca. 2 Minuten
Alter	Kindergarten
Hinführung	Es gibt Wunder in der Natur, darüber kann man nur staunen. Ein Mädchen erzählt uns, was sie im Kindergarten erlebt hat.

Tina, die jetzt ins 1. Schuljahr geht, erinnert sich gerne an den Kindergarten. Sie erzählt dem Opa an Ostern: Einmal hat Frau N.N. (jetzt die Bezugsperson nennen: Gruppenleiterin, Pfarrer) ein kleines Knäuel mitgebracht. Aber das war nicht aus Garn oder Wolle, sondern eine richtige Pflanze: Sie sah tot aus, vertrocknet, in sich gekrümmt.
Sie zeigte uns das Knäuel und sagte: »Diese Pflanze lebt in der Wüste. Der Wind rollt sie vor sich her. Sie kann unendlich lang ohne Wasser leben. (In Pharaonengräbern 4000 Jahre lang!) Aber sie ist nicht tot. Ihr glaubt es nicht, weil sie sich ja vertrocknet anfühlt. Wenn sie aber mit Wasser in Berührung kommt, dann beginnt sie wieder zu leben.«

Dann hat sie das Knäuel in ein Glasschälchen gelegt und mit der Thermoskanne heißes Wasser darübergegossen. Während wir jetzt guckten, hat sie uns von Jesus erzählt, der auch tot war und doch nicht tot, denn am dritten Tag danach zeigte er sich wieder seinen Jüngern. Die konnten das gar nicht glauben, haben ihn betastet und mit ihm gegessen – bis ihnen die Augen aufgingen: Dieser Jesus lebt ja. Jetzt fängt alles erst richtig an.

Währenddessen hat sich das braune Knäuel schon bewegt. Es öffnet sich langsam und wird innen grün. Die Blume lebt. Sie ist nicht tot. Wirklich. Und Frau N.N. hat dazu gesagt: »Deshalb nennen viele diese Blume ›Auferstehungsblume‹, weil sie lebt – wie Jesus, der tot schien.«

(Sie erhalten diese Blume, auch »Rose von Jericho« genannt, in jeder größeren Blumenhandlung)

28. Aus dem Tod ersteht Leben

Thema   Die Verwandlung in der Natur
Vorlesedauer ca. 2 Minuten
Hinführung Die Natur zeigt millionenfach, dass das Leben weitergeht.

Der berühmte Filmproduzent Cecil B. de Mille liebte es, sich in die Einsamkeit zurückzuziehen, wenn er ein Problem zu überdenken hatte. Eines Tages fuhr er in einem Boot auf einen See im Staate Maine hinaus und ließ sich ziellos dahintreiben, während er sein Problem überdachte. Das Boot trieb an Land und legte an einer Stelle an, wo das Wasser nur wenige Zentimeter tief war. De Mille schaute hinab und sah, dass der Grund mit Wasserkäfern übersät war. Einer von ihnen kam an die Oberfläche und kroch langsam an der Seitenwand des Bootes hoch. Als er den Bootsrand erreicht hatte, starb er.

De Milles Gedanken kehrten zu seinem Problem zurück. Nach einer Weile blickte er zufällig wieder auf den Käfer. In der heißen Sonne war sein Panzer brüchig geworden. Plötzlich sprang der Panzer auf, und langsam kam eine Libelle zum Vorschein. Sie erhob sich in die Luft, und ihre Farben funkelten im Sommerlicht.

Diese beflügelte Kreatur flog in einem Augenblick weiter, als der Käfer in Tagen hätte kriechen können. Die Libelle wandte sich wieder der Wasseroberfläche zu; de Mille sah ihren Schatten auf dem Wasser. Sehr wahrscheinlich sahen die Wasserkäfer in der Tiefe die Libelle auch, aber jetzt lebte ihr einstiger Gefährte in einer Welt, die ihr Begriffsvermögen überstieg. Sie lebten immer noch ihre bescheidene Existenz, während ihre beflügelte Verwandte alle Freiheit zwischen Himmel und Erde genoss.

Später, als de Mille sein Erlebnis erzählte, schloss er mit der eindringlichen Frage: »Wird der Schöpfer des Universums das, was er für einen Wasserkäfer tut, für einen Menschen nicht tun?«

Norman Vincent Peale

29. Die Raupe – zu Großem berufen

Thema   Die Verwandlung in der Natur

Vorlesedauer   ca. 2½ Minuten

Hinführung   Viele Kinder auf dieser Erde müssen schon früh sterben: vor Hunger, im Krieg, wegen einer Krankheit. Oft malen diese Kinder wunderbare Schmetterlinge. Kinder in aller Welt. Als wenn sie eine leise Ahnung von diesem Wunder hätten. Wir hören einmal, was da so geheimnisvoll sein kann.

Eine kleine Raupe bewegte sich mühsam über einen staubigen Weg. Sie konnte kaum noch atmen, kaum noch etwas sehen: So viel Staub! Aber sie hoffte immer noch, grüne Blätter zu finden. Und so kroch sie weiter. Hab Geduld, kleine Raupe, noch wachsen genügend Blätter für dich! Vorsicht! Ein kleines Mädchen kommt gelaufen. Hoffentlich zertritt sie mich nicht, denkt die Raupe. Ich spüre doch so viel Großes in mir. Ich will leben!

Das kleine Mädchen bleibt stehen und schaut der Raupe zu. Es hält seinen Finger hin. Kaum ist die Raupe an ihm hochgekrochen, geht das Mädchen vorsichtig zum nächsten Strauch. »Hier, kleine Raupe, kannst du dich satt fressen!«

Und wie die Raupe frisst! Sie wird dicker und größer.

Vorsicht! Ein Vogel sucht Nahrung für seine Jungen. Da kommt ihm die große Raupe gerade recht. »Lass mich leben, Vogel!«, denkt die Raupe. »Ich spüre so viel Großes in mir!« Und – der Vogel fliegt weiter.

Die Raupe frisst und frisst. Sie ist dick und fett geworden.

Eines Tages ist die Raupe satt. Ob aus mir etwa Großes werden kann?, fragt sie sich nachdenklich. Ob die Stimme in mir recht hatte? Mein Kleid zerreißt fast, weil ich so dick bin. Ich weiß nicht ...

Sie kriecht in die Höhle einer Baumrinde und hält sich fest. Langsam wird ihr Kleid so dunkel und starr wie die Baumrinde. Ob sie gestorben ist?

Hab Geduld, alte Raupe! Die Stimme in dir hatte recht: Etwas Großes wird aus dir! Alle werden staunen, wenn sie dich sehen! Du brauchst nicht mehr zu kriechen: Du kannst fliegen! Du brauchst dich nicht mehr mit Blättern zu begnügen. Du kannst Nektar schlecken! Du bist nicht mehr hässlich: Alle staunen über deine Schönheit!

Und richtig: Aus der dicken, grauen, abgestorbenen Puppe schlüpft ein bunter, zarter, zauberhaft schöner Schmetterling!

Jetzt weiterführen: Aus dem dunklen Grab trat auch Jesus in ein verwandeltes neues Leben.

Willi Hoffsümmer

30. Was Schmetterlinge über die Auferstehung sagen

Thema	Die Verwandlung in der Natur
Vorlesedauer	ca. 2½ Minuten
Hinführung	Die Verwandlung der Raupe zum Schmetterling ist das schönste Gleichnis für Tod und Auferstehung.

Eines Tages spielte Claudia im Garten. Da entdeckte sie eine kleine schwarze Raupe mit winzigen gelben Punkten. »Iiiihh«, schrie sie, »ist die eklig!« Ihr großer Bruder Michael, der dazukam, sagte: »Aber nein, die ist ganz harmlos. Komm, wir suchen einen Behälter für sie! Du kannst sie dann mit Brennnesseln füttern.«

Claudia ließ sich überreden, lief ins Haus und holte ein großes Marmeladenglas. Vorsichtig brach der Bruder einen Brennnesselstängel ab, legte ihn in das Glas und setzte das Tierchen dazu. Über die Öffnung kam ein Stück Seidenstrumpf mit Gummiband. »Damit sie genug Luft bekommt«, meinte Michael.

Jeden Tag holte Claudia ihrer Raupe frische Brennnesseln und sie beobachtete, wie das Tierchen immer dicker wurde. Doch eines Morgens suchte sie ihre Raupe vergeblich. Als sie das Glas immer wieder drehte, sah sie plötzlich ein komisches braunes Gebilde an einem Stängel hängen, wie ein zusammengerolltes verwelktes Blatt. Darunter ein paar schwarze Stückchen von ihrer Raupe – klein und vertrocknet. Sie fing laut an zu weinen und schrie: »Meine Raupe ist tot, meine liebe Raupe!« Michael kam herein und tröstete sie. »Schau«, sagte er, »das, was du siehst, ist nur eine Hülle, so wie eine Haut. Was in der Raupe lebendig war, ist hier drin«, und er zeigte auf das komische braune Ding.

»Aber es ist tot, es bewegt sich doch nicht«, weinte das Mädchen.

»Es sieht nur so aus«, sagte Michael geheimnisvoll.

»Hab nur etwas Geduld und du wirst etwas Wunderbares erleben.«

Wenige Zeit später platzte das braune Ding auf und nach langer Zeit kroch zitternd ein Schmetterling heraus. Seine Flügel waren klein und schrumpelig. Ganz aufgeregt beobachtete Claudia, wie er sie langsam entfaltete und auf und ab bewegte. Er war so wunderschön, dass sie sich gar nicht sattsehen konnte. Doch dann nahm sie den Strumpf vom Glas, öffnete das Fenster und der schöne bunte Schmetterling flatterte hinaus in den hellen Sonnenschein. Lange sah sie ihm nach und war richtig glücklich.

31. Wer es wagt, verwandelt sich

Thema	Die Verwandlung in der Natur
Vorlesedauer	ca. 1 Minute
Hinführung	Immer wieder stehen Menschen vor der Entscheidung: Wage ich etwas und breche ich zu neuen Ufern auf oder verkümmere ich.

Zwei Weizenkörner liegen am Eingang einer Scheune.

Das eine sagt: »Ich bin doch nicht blöd! Das tu ich mir nicht an! Warum sollte ich mich auf Wind und Wetter einlassen? Außerdem hat mich keiner gefragt, ob ich leben will oder nicht!«

Eines Tages kam der Bauer und fegte das Korn mit dem Staub der Scheune fort.

Das andere Weizenkorn aber ist bereit, sich vom Sturm aufs Feld rollen zu lassen. Dort treibt es Wurzeln und lässt sich von Sonne und Regen verwöhnen. Es streckt seinen Halm in die Höhe. Es wächst und wächst. Es trifft auf viele Brüder und Schwestern. Es ist schön, sich mit den anderen im Wind zu wiegen und sich Halt zu geben. Sie bauen einander ein bergendes Haus.

Und drinnen wächst das Brot.

32. Die Verwandlung beim Löwenzahn

Thema	Die Verwandlung in der Natur
Vorlesedauer	ca. 3 Minuten
Hinführung	Auch der Löwenzahn zeigt uns das Wunder der Verwandlung.

Es war einmal ein Löwenzahn. Am Wegrand wuchs er, gleich neben der Friedhofsmauer. Um ihn herum waren lauter Artgenossen. Vieles hatten sie schon gemeinsam erlebt. Im Frühling waren sie nacheinander aus der Erde gekrochen, hatten ihre Blätter ausgebreitet und ihre Stängel neugierig der Sonne entgegengestreckt. Dann kam das erwartungsvolle Warten, als sich die Knospen bildeten, und schließlich die große Freude, als sich eines Tages die ersten Blüten entfalteten. Der Löwenzahn lachte und scherzte mit seinen Freunden und freute sich des Lebens.

Doch mit der Zeit veränderte sich seine Blüte. Was vorher strahlend gelb gewesen war, verblich und wurde zu einer weichen, weißgrauen Kopfbedeckung. Der Löwenzahn war alt geworden. Plötzlich war vieles mühsamer. Sein Stängel wurde schwächer und trotzte nicht mehr jedem Wind. Da wurde der Löwenzahn nachdenklich. Was war nur los mit ihm?

Eines Tages kam ein Sturm auf. Zuerst war es nur ein Windhauch, der sanft über den Löwenzahn strich. Als der Wind jedoch stärker wurde, überfiel den Löwenzahn eine lähmende Angst. Verzweifelt versuchte er sich festzuhalten

»Du musst loslassen«, sagte der Wind. »Es wird Zeit für dich zu gehen.«

»Aber es war doch immer so schön hier. Ich möchte noch nicht fort«, stammelte der Löwenzahn.

»Komm, lass los!«, forderte der Wind, der den Löwenzahn immer stärker umwehte.

»Wird es wehtun, wenn ich loslasse?«, fragte der Löwenzahn.

»Ja«, sagte der Wind. »Aber ich werde dich nicht allein lassen. Ich bleibe bei dir und werde dich sanft weitertragen.«

»Ich habe Angst«, flüsterte der Löwenzahn.

»Das gehört dazu«, murmelte der Wind, bevor er den Löwenzahn mit aller Kraft umwehte.

Da lösten sich die Samenkörner vom Herzstück des Löwenzahns und wirbelten durch die Luft. Der Wind trug sie hoch hinauf und der Löwenzahn konnte noch ein letztes Mal auf seine Wiese blicken. Dabei spürte er, wie sein alter Stängel umknickte. Der Wind aber trug die Samenkörner weit fort, um sie schließlich behutsam auf weichen Boden sinken zu lassen. Dort blieben sie liegen, wurden vom Regen umspült und unter die Erde gedrückt.

War dies das Ende des Löwenzahns? Es sah fast so aus. Die kleinen weißen Fallschirme zerfielen und sogar die Samenhülle begann sich in der feuchten Erde aufzulösen.

Doch im nächsten Frühjahr regte sich dort neues Leben. Langsam bohrte sich ein kräftiger Trieb durch das dunkle Erdreich, und der Wind kam, um den Löwenzahn im Licht der Sonne willkommen zu heißen.

Petra Hillebrand

33. Vom Dunkel ins Licht

Thema	Die Verwandlung in der Natur
Vorlesedauer	ca. 8½ Minuten
Hinführung	Jeder Same und jede Zwiebel muss »sterben« und sich wandeln, um neu zu leben.

In einem Lagerschuppen nahe einem Garten lebte einmal eine zufriedene und bequeme Tulpenzwiebel. Vielleicht wäre sie dort alt geworden, wenn sie der Gärtner nicht eines Tages ergriffen hätte, um sie einzupflanzen.

»Es ist an der Zeit«, sagte er zu ihr. »Heute ist die Stunde gekommen, dein Leben kennenzulernen – das eigentliche, das erfüllte Leben.«

»Deine rätselhaften Worte ängstigen mich, Gärtner«, entgegnete die Tulpenzwiebel mit zitternder Stimme. »Das Leben zu lernen scheint mir nicht so verheißungsvoll zu sein, wie du es sagst. Es ist so ungewiss, was aus mir werden wird. Stimmt es denn, dass man in die tiefe, dunkle Erde muss und ganz schmutzig wird? In dem Lagerschuppen, in dem ich bisher lebte, war alles sauber. Ich war bei meinen Freunden und fühlte mich geborgen.«

»Du wirst dein Leben in dieser sauberen, wohlbehüteten Umgebung nicht finden. Dein Leben will entdeckt und gelebt werden. Du wirst dich auf die Suche machen müssen, sonst bleibt alles in dir gefangen … Dein Leben würde nie in dir aufbrechen und keimen, wenn du so bleiben willst, wie du jetzt bist. Du wirst es nur finden, wenn du die Mühe des

Wachstums auf dich nimmst. Hab Vertrauen! Das Leben ist größer und schöner als unsere Angst.«

»Aber wenn du mich eingräbst, dann sterbe ich in der feuchten und finsteren Einsamkeit der dunklen Erde«, wehrte sich die Tulpenzwiebel immer noch.

»Was heißt schon sterben?«, entgegnete der Alte. »Du siehst es nur von einer Seite. Aus dem Dunkel der Erde wird dein neues Leben wachsen. Du stirbst nicht, du wirst verwandelt … Du kannst nicht bleiben, was du jetzt bist. Werde die, die du wirklich bist!«

»Das klingt fremd für mich, Gärtner …«

»Leben bedeutet nicht zuerst zu *sein*, sondern zu *werden*, zu wachsen und zu *reifen*. … In dir steckt noch viel mehr, als du jetzt zu sehen vermagst … Du bist ein Same voll blühender Zukunft, voll unendlicher Lebensmöglichkeiten, die tief verborgen in dir schlafen und nur darauf warten, geweckt zu werden.«

»Aber ist das Licht der Sonne denn nicht genug, um meine Lebenskraft zu wecken? Warum muss ich das Dunkel und die Schwere der Erde ertragen?«

»So einfach, wie du denkst, ist es mit dem Leben nicht«, erklärte ihr der alte Gärtner. »Manches, was dir heute weh tut und als Unglück erscheint, kann morgen einmal dein Glück bedeuten. Es ist alles andere als bequem, sein wahres Wesen und die Erfüllung seines Lebens zu finden. Dein Leben ist eine Aufgabe: Du musst dich selbst aufgeben, loslassen und etwas wagen, wenn dein Leben sich in seinem ganzen Reichtum entfalten soll …«

Nachdem er dies gesagt hatte, grub der alte Gärtner ein Loch und pflanzte die Tulpenzwiebel ein … Die lange, beschwerliche Zeit des Wachstums begann.

»Jetzt ist es bald zu Ende mit mir«, jammerte die kleine Tulpenzwiebel angesichts ihrer aussichtslosen Lage. »Es hätte so schön sein können, aber nun vergeht mein Leben in der Erde!«

Ihre schöne Gestalt veränderte sich mehr und mehr …, sie begann runzelig und schrumpelig zu werden. Aber sie bemerkte auch, wie sich tief in ihr etwas regte und bewegte, von dem sie nicht sagen konnte, was es war. Dieses Gefühl in ihrem Innern versetzte sie für viele Wochen in unbekannte Unruhe. Nach langen traurig-düsteren Tagen durchfuhr sie ein Schmerz, als ob eine Lanze sie aus ihrer Mitte heraus durchbohrte. Diese Wunde eröffnete ihr einen neuen Lebensraum. Der Panzer ihres bisherigen Lebens war durchbrochen … Ihr erster Trieb hatte die Zwiebelschale und den Erdboden durchdrungen …

»Das also meinte der Gärtner mit Wachstum und Entfaltung«, dachte die heranwachsende Blume. »Wachstum betrifft das ganze Wesen … Wachstum bedeutet, die Schale zu durchbrechen, damit sich der Kern, das eigentliche Wesen, entfalten kann. Wachstum meint also, wesentlich zu werden.«

Sanft streichelten die Sonnenstrahlen den hellgrünen Trieb, der sich wohlig räkelte und unter den Zärtlichkeiten der Sonne wuchs. Es tat ihm gut, dass die Sonne ihn einfühlsam zum Leben lockte, ganz wie es seiner Kraft entsprach. Mit der Zeit bildete sich am Schaft des Triebes eine Verdickung. Die Blüte reifte und reifte.

»Noch lebst du nur für dich selber und verwendest deine ganze Kraft auf die Entfaltung deines Wesens«, erklärte ihr der Gärtner. »Aber bald wirst du ganz offen sein für das Lächeln der Sonne, für die Schmetterlinge, für den Wind und den Regen … Dann wirst du blühen, kleine Blume, und es wird keine einzige Blume im großen Garten geben, die so ist wie du.«

»Es bereitet sich schon vor«, flüsterte die Knospe …

»Wann ist der Tag gekommen, an dem ich meine Knospe absprengen muss?«

»Du musst so weit in den Himmel hineinwachsen, wie du in der Tiefe der Erde verwurzelt bist. Dann ist deine Stunde gekommen. Du wirst es spüren.«

Bald würde das Knospengehäuse zu klein sein für die Blüte. Ihre Blätter begannen schon, sich auszuspannen und auszudehnen. Die erwachende Tulpe versuchte, ihre Blütensegel wie Flügel zu weiten. Aber noch war sie im Dunkel ihrer Knospe gefangen und musste mit aller Kraft drängen und kämpfen, um die behütende Knospe aufzubrechen. Das war nicht leicht: Es erforderte ebenso viel Mut wie Ausdauer. … Bald aber strömte helles Sonnenlicht durch die ersten Risse. Mit letzter Anstrengung warf die junge Tulpe die grünen Schalen ab und sah noch etwas zerknittert aus.

Langsam und vorsichtig tastend streckte sie ihre rotgelben, seidenen Blätter dem Licht entgegen. Sie ließ sich von der angenehmen Wärme durchströmen bis in die letzten Fasern. Ein unbekanntes Glücksgefühl durchzitterte sie, und sie empfand sich zum ersten Mal als ganz frei.

Sie fühlte sich so leicht wie das Licht und zugleich so schwer wie die Erde. Sie spürte, dass beides – Himmel und Erde – als eine große Wirklichkeit zusammengehörten.

»Alles, was in uns verborgen liegt, soll entfaltet werden, damit das Leben glückt«, dachte die Tulpe. »Das Leben ist eine einzige Herausforderung. Indem wir über uns hinauswachsen, leben wir erst eigentlich.«

Ulrich Peters

34. Gespräch mit dem Küken im Ei

Thema	Auferstehung
Vorlesedauer	ca. 3½ Minuten
Alter	Grundschule
Hinführung	Ich erzähle euch von einem Gespräch. Dann könnt ihr anschließend verstehen, warum wir an Ostern die Eier mit bunter Farbe bemalen.

Einmal machte Ralf mit seinen Eltern um Ostern Ferien auf einem Bauernhof. Der Sohn des Bauern, Max, war ungefähr gleich alt. Eines Tages flüsterte er: »Komm, Ralf, ich zeig dir was!« Er ging mit ihm in eine Scheune. Da stand ein kleines Drahtgehege, in dem eine Henne saß. Die lag da breitgeplustert und schaute sie an.

»Weißt du, was unter ihr ist?«, fragte Max. Ralf schüttelte den Kopf. Da liegen ganz viele Eier. Die Henne brütet sie aus. Übermorgen müssten die Ersten ausschlüpfen!

»Darf ich mal sehen?«, fragte Ralf. Die Henne rückte nur ungern etwas zur Seite. Richtig, da lagen ganz viele Eier.

»Darf ich mal eins meinen Eltern zeigen?«

»Warum nicht«, sagte Max, »aber nicht zu lange, denn sonst wird's dem Küken darin zu kalt. Vorsichtig trug Ralf das warme Ei zu Vater und Mutter.

»Darfst du das denn?«, war die erste Frage der Eltern. Aber als sie den beruhigenden Blick von Max sahen, waren sie zufrieden.

Ralf meinte: »Ob das Küken uns schon hören kann?«

»Das glaub ich schon«, lachte der Vater, »aber du musst lauter sprechen, denn zwischen dir und dem Küken ist ja die dicke Mauer der Eischale. Wenn du willst, spiele ich das Küken. Was möchtest du ihm denn sagen?«

Ralf schaute erst verwundert, dann begann er: »He, Küken«, sagte er sehr laut, »wie gefällt es dir in deiner engen Wohnung?«

»Gut«, rief der Vater, »ausgezeichnet. Hier fühle ich mich richtig geborgen. Hier ist es warm. Hier will ich bleiben!«

»Aber du hast doch bald keine Luft mehr da drinnen, wenn du immer größer wirst?«

»Da hast du recht«, antwortete der Vater.

»Aber wie kommst du denn da raus? Die Eierschalen sind doch stark.«

»Ich hab da ein Werkzeug, direkt über dem Schnäbelchen, den ›Eizahn‹, der wirkt wie eine Säge, mit dem breche ich die Schale auf und dann picke ich mich mit dem Schnäbelchen langsam in die Freiheit. Das ist ein mächtiges Stück Arbeit!«

»Ja«, bestätigte Max, »das bedeutet oft länger als eine Stunde Schwerstarbeit.«

»So war das auch mit dir, Ralf«, unterbricht die Mutter, »als du noch in meinem Bauch warst, fühltest du dich geborgen und sicher. Wenn es nach dir gegangen wäre, wärest du nie herausgekommen; denn das war Schwerstarbeit durch den engen Geburtskanal. Und du hast laut geschrien, als du hindurch warst.«

»Wir müssen jetzt das Ei wieder zurückbringen, sonst wird es dem Küken da drin zu kalt«, mahnte jetzt Max.

Sie waren schon in der Tür, als die Mutter noch zum Vater sagte: »Übrigens am Ende des Lebens ist es ähnlich. Wir wissen nicht genau, was kommt, und lieben und halten fest, was wir haben. Keiner möchte gerne sterben. Obwohl Jesus gesagt hat: ›Geht durch die enge Tür. Auf der anderen Seite des Lebens ist es viel schöner. Da feiern wir ein Fest ohne Ende.‹«

Willi Hoffsümmer

35. Offen sein zur Verwandlung

Thema	Verwandlung im Tod zum neuen Leben
Vorlesedauer	ca. 2½ Minuten
Hinführung	Wenn uns die Wunder in der Natur verraten, dass alles Leben weitergeht, dann muss ich selbst offen bleiben für dieses Geheimnis.

Es war einmal eine kleine Pfütze. Sie war von fröhlicher Gesinnung und fürchtet sich nur vor der Sonne. Wir freundeten uns trotz unserer Verschiedenheit ein wenig an.

»Grüß Gott«, sagte sie zu mir, und ich konnte nicht umhin, das als ungewöhnlich zu empfinden. Bereit, sofort meiner Wege zu gehen, falls sie mich nur hatte narren wollen, fragte ich, wie ausgerechnet sie darauf käme. Statt einer Antwort nahm die kleine Pfütze alle Kraft zusammen und spiegelte mir die ganze Weite des Himmels.

Wir führten lange Gespräche über ihren Vater, den Regen, und auch darüber, dass sie sich vor der Sonne fürchtete.

Vielleicht ist es mir gelungen, ihr diese Furcht zu nehmen.

Sie wurde sehr nachdenklich, als ich ihr von der Weite des Meeres erzählte, vom Spiel seiner Fische und der glitzernden Freude in den Wellenfalten seines alten Angesichts. Ich erzählte auch, dass das Meer die Heimat und Geborgenheit aller Pfützen der Welt sei und dass alles Leben des Meeres und der Erde aus der Sonne käme, auch das Leben der Pfützen.

Als der Abend aus dem Osten herbeieilte, als hätte er irgendein Rendez-vous verschwitzt, stolperte er fast über die kleine Pfütze und mich. Wir waren so versunken in unser wortloses Gespräch, dass wir ein Teil der Landschaft geworden waren, die uns innig umfangen hielt.

Als ich einige Tage später wieder vorbeikam an der Wohnmulde meiner nassen Freundin, las ich ihre Nachricht in der tanzenden Sonnenluft: »Du hast meine Sehnsucht geweckt. Als die Sonne mich umarmte in all der neuentdeckten Zärtlichkeit, konnte ich nicht widerstehen und tanzte mit ihr empor zu den Pfaden der Wildgänse, die mir den Weg zeigen werden zum Meer. Komm bald! Und vergiss nicht ... Grüß Gott.«

Peter Horton

36. Die Tür

Thema	Die Zweifel überwinden
Vorlesedauer	ca. 3 Minuten
Hinführung	Wer sich aus seinen Zweifeln aufmacht, kann das Wunder erleben.

Einer, der sich in den Bergen auskannte und oft die höchsten Almen hinter sich gelassen hatte, erzählte am Kamin, dass in einem der Berge ganz oben eine Tür sei. Nur wenigen gelänge es, sie zu bewegen; wer sie aber auch nur einen Spaltbreit öffnen könne, bekäme ein Stückchen des himmlischen Paradieses zu sehen.

Nach einem Augenblick schweigenden Staunens brach ein Teil der Leute, die zugehört hatten, in schallendes Gelächter aus. »Erzähl uns keine Märchen!«, rief einer. »Weißt du nichts Vernünftigeres zu berichten?«, fragte ein anderer. Einige aber waren still geworden und schauten ins Feuer. Von denen trafen sich welche am anderen Tag, um den Aufstieg in die Berge zu wagen.

Der Weg strengte an. Der Anstieg kostete Mühe. »Vielleicht ist es doch nicht wahr. Wie kann in einem Berg eine Tür sein?«, sagte ein Junger und kehrte um. »Vielleicht lohnt der Versuch«, meinte ein anderer und schätzte die gewonnene Höhe ab.

Weiter oben kamen sie an eine Quelle, deren Wasser sie erfrischte und belebte. Eine Familie war mit ihrem fröhlich springenden Kind aufgebrochen. Obgleich die Eltern sein geringes Gepäck trugen, wurden seine Schritte langsamer und sein Gesicht ernster. Doch weil die Eltern nicht aufgaben, hielt auch das Kind durch.

Irgendwann standen sie wirklich staunend vor der Tür, die ihre Hoffnung gewesen war. Aber sie ließ sich nicht öffnen. »Nach diesem Aufstieg steht es mir zu, dahinterzuschauen!«, schrie einer und trat mit aller Wucht gegen die Klinke. Doch die Tür rührte sich nicht. »Vielleicht ist gar nichts dahinter, und es lohnt nicht, sie zu öffnen«, sagte eine Frau. »Warum sind wir dann aufgestiegen?«, fragte ein Jugendlicher und hämmerte gegen das Schloss.

Während die jungen Eltern überlegten, was zu tun wäre, trat das Kind an die Tür und legte seine kleinen Hände auf die Fläche. Da gab die Tür nach, und die Menschen wurden umflutet von gleißendem Licht und wohltuender Wärme. Im Widerschein erkannten sie Bäume, die Blüten und Früchte gleichzeitig trugen. Eine Fülle von Musik schwang ihnen entgegen, und ein Spiel von Farben im Licht blendete sie.

Ganz langsam schloss sich die Tür wieder vor ihren Augen. Die Menschen standen noch lange da und schauten auf das, was sich ihnen wieder entzogen hatte. Schweigend setzten sie sich ins Moos und hingen dem Geschauten nach. Schweigend machten sie sich auf den Heimweg: Wer würde ihnen glauben, was sie erlebt hatten?

Margarete Walke

37. Bedenken des Maulwurfs

Thema	Zweifel an der Auferstehung
Vorlesedauer	ca. 40 Sekunden
Hinführung	Was sagt wohl ein Maulwurf, der immer unter der Erde wühlt, vom Leben im Licht?

Der du im Licht sollst wohnen, Gott, offengestanden: Im Dunkeln fühle ich mich wohler, grabe die Stollen, fresse, was mir ins Maul kommt, fürchte mich vor dem Fuchs, vor Jagdhund und Igel, zeuge die Jungen, halte das Nest ihnen warm, höre jedoch mit Staunen, dass jenseits des Ackers dein Plan nicht endet, höre, dass dort eine Stadt wächst mit Brücken, Autos, Häusern und Menschen, dahinter noch tausend, tausend Städte und Länder – Gott, wäre das denkbar? Sollte es wirklich so sein, dass leckere Speise, anders als Engerlinge, es gäbe, Berge, höher als Maulwurfshügel, Gott, und am Ende dich selbst?
Ganz unter uns, Gott, verzeih mir, das glaube ich nicht.

Rudolf Otto Wiemer

38. Den Zweifel überwinden

Thema	Zweifel an der Auferstehung
Vorlesedauer	ca. 4 Minuten
Hinführung	Keiner kann beweisen, ob es die Auferstehung gibt oder nicht. Entscheidend ist, wie ich mich entscheide. Dazu eine symbolische Geschichte, die sich vielleicht sogar wirklich ereignet hat.

Wer sich bei großer Hitze noch in den Schatten eines Baumes zurückziehen und die Füße in Wasser tauchen kann, weiß nicht, was Hitze in der Wüste bedeutet: Die Sonne trocknet einen aus; das Blut wird dickflüssig, die Zunge liegt wie ein Schlauch im Mund; die Kräfte schwinden rapide.

In solch einem Zustand schleppte sich ein Mann in der Wüste noch gerade zu der Ruine einer ehemaligen Behausung, weil er hoffte, hier noch ein paar Zentimeter Schatten zu finden. Da bemerkte er, dass es dort noch eine Pumpe gab. Mit letzter Kraft drückte er ihren Schwengel hin und her. Aber sie schenkte keinen einzigen Tropfen Wasser.

Da erblickte er unten davor einen Krug. Daran war folgende Notiz geheftet: »Sie müssen zuerst die Pumpe mit dem Wasser aus dem Krug füllen, mein Freund. Und vergessen Sie nicht, den Krug nachzufüllen, ehe Sie von hier fortgehen!« Der Mann zog den Korken aus dem Krug. Tatsächlich, er war voll Wasser. Jetzt rang er mit sich selber: Sollte er das Wasser wirklich in die rostige Pumpe gießen? Und wenn das nicht funktionierte? Dann hätte er sich selbst um seine letzte Hoffnung betrogen. Doch wenn er jetzt alles austrank, dann würde nie mehr einer Wasser finden können, der Hilfe suchend an diese Stelle kam!

Er folgte seiner inneren Stimme und goss den ganzen Inhalt des Kruges in die Pumpe. Dann hob und senkte er wie wild den Schwengel und – tatsächlich: Plötzlich begann klares, köstliches Wasser aus dem Hals der Röhre zu schießen! Jetzt hatte der Mann mehr, als seine Vorratsbehälter fassen konnten.

Das genau ist unsere Situation. Was nützt es, den Umfragen große Beachtung zu schenken, die ergaben: 45 Prozent glauben an die Auferstehung – darunter auch die Kirchgänger! –, und 45 Prozent sagen: Alles Quatsch!? Und was nützt es, *die* Menschen um Rat zu fragen, die dabei nur abwinken und überheblich lächeln? Es kommt ganz alleine auf Sie und auf mich an: Füllen wir unseren Lebenskrug mit den Tränen der Enttäuschungen und der Zweifel, aber auch mit den Säften der Hoffnung und dem letzten Rest des Glaubens an den, der Wasser in Wein verwandeln, ja, der über die Abgründe des Wassers gehen konnte! Und dann gießen wir den ganzen Inhalt des Kruges in die »Osterpumpe«.

Ich könnte Ihnen nicht wenige bringen, die belegen können: »Ja, das mit dem Glauben stimmt! Du kannst dann manchmal sogar selbst übers Wasser gehen!« Und bedenken Sie: Wenn im Umfeld Ihrer Kinder oder Ihrer Enkel niemand den Mut hat, die Osterpumpe auszuprobieren, woher sollen sie je von den Wasserkräften erfahren?

Der Mann, von dem ich anfangs sprach, stillte also seinen Durst, füllte dann den Krug erneut und verkorkte ihn sorgfältig. Dann fügte er den Anweisungen auf dem Zettel noch den Satz hinzu: »Glaube nur, es funktioniert! Mein Freund, du musst der Pumpe alles geben, was du hast, ehe du etwas zurückbekommst!«

39. Österliche Aussicht abgelehnt

Thema	Zweifel an der Auferstehung
Vorlesedauer	ca. 2 Minuten
Hinführung	Wer Wunder nicht für möglich hält, kommt nicht über einen Raupenhorizont hinaus.

Da war einmal ein guter Mensch. Er hatte Mitleid mit dem hässlichen Gewürm der Raupen, wie sie sich Stunde für Stunde vorwärts plagten, um mühselig den Stängel zu erklettern und ihr Fressen zu suchen – keine Ahnung von der Sonne, dem Regenbogen in den Wolken, den Liedern der Nachtigall! Und der Mensch dachte: Wenn diese Raupen wüssten, was da einmal sein wird! Wenn diese Raupen ahnten, was ihnen als Schmetterling blühen wird: Sie würden ganz anders leben, froher, zuversichtlicher, mit mehr Hoffnung. Sie würden erkennen: Das Leben besteht nicht nur aus Fressen und der Tod ist nicht das Letzte.

So dachte der gute Mensch, und er wollte ihnen sagen: »Ihr werdet frei sein! Ihr werdet eure Schwerfälligkeit verlieren! Ihr werdet mühelos fliegen und Blüten finden! Und ihr werdet schön sein!«

Aber die Raupen hörten nicht. Das Zukünftige, das Schmetterlinghafte ließ sich in der Raupensprache einfach nicht ausdrücken. – Er versuchte, Vergleiche zu finden: »Es wird sein wie auf einem Feld voller Möhrenkraut ...« Und sie nickten, und mit ihrem Raupenhorizont dachten sie nur ans endlose Fressen.

Nein, so ging es nicht. Und als der gute Mensch neu anfing: Ihr Puppensarg sei nicht das Letzte, sie würden sich verwandeln, über Nacht würden ihnen Flügel wachsen, sie würden leuchten wie Gold – da sagten sie: »Hau ab! Du spinnst! Du hältst uns nur vom Fressen ab!«

Und sie rotteten sich zusammen, um ihn lächerlich zu machen.

40. Die Libelle und der Blutegel

Thema	Spott kann der aushalten, der die Zweifel überwunden hat
Vorlesedauer	ca. 2 Minuten
Hinführung	Es gibt genug MitschülerInnen und Erwachsene, die dich auslachen, wenn du an ein Leben glaubst, das erst noch kommt. Die können sich vor Lachen krümmen – wie der Blutegel in folgender Geschichte.

Eine Fabel erzählt das Gespräch zwischen einer Libellenlarve, die immer wieder den unwiderstehlichen Drang nach oben hat, um neue Luft zu schöpfen, und einem Blutegel, der sagt: »Hab ich vielleicht jemals das Bedürfnis nach dem, was du Himmelsluft nennst?«

»Ach«, erwiderte die Libellenlarve, »ich hab nun einmal die Sehnsucht nach oben. Ich versuchte auch schon einmal, an der Wasseroberfläche nach dem zu schauen, was darüber ist. Da sah ich einen hellen Schein, und merkwürdige Schattengestalten huschten über mich hinweg. Aber meine Augen müssen wohl nicht geeignet sein für das, was über dem Teich ist. Aber wissen möchte ich's doch!«

Der Blutegel krümmte sich vor Lachen:

»O du phantasievolle Seele, du meinst, über dem Tümpel gibt es noch was? Lass doch diese Illusionen. Glaub mir als einem erfahrenen Mann: Ich hab den ganzen Tümpel durchschwommen. Dieser Tümpel ist die Welt – und die Welt ist ein Tümpel. Und außerhalb dessen ist nichts!«

»Aber ich hab doch den Lichtschein gesehen und Schatten!«

»Hirngespinst! Was ich fühlen und betasten kann, das ist das Wirkliche«, erwiderte der Blutegel.

Aber es dauerte nicht lange, bis sich die Libellenlarve aus dem Wasser herausschob, Flügel wuchsen ihr, goldenes Sonnenlicht und blauer Himmelsschein umspülten sie, und sie schwebte schimmernd über den niedrigen Tümpel davon.

41. Fabel vom Maikäfer und Engerling

Thema	Zweifel an der Auferstehung
Vorlesedauer	ca. 1½ Minuten
Hinführung	Klinisch Tote berichten, dass ihnen die Worte fehlen, das Wunderbare auf der anderen Seite des Lebens zu umschreiben. Wir hören dazu eine Fabel.

»Guten Tag«, sagte der Maikäfer zum Engerling und stolperte über eine Wurzel. »Ich bin dein Bruder.« Der Engerling betastete vorsichtig den Maikäfer und erwiderte: »Das kann nicht stimmen. Du bist ja ganz hart und steif!«

»Warte nur, nächstes Jahr wirst du dich genauso anfühlen, und dann kommst du endlich aus dieser Finsternis ans Tageslicht.«

»Was ist das, bitte, Tageslicht?«

»Alles ist ganz hell und angenehm warm, und man findet viele saftige Blätter zum Fressen.«

»Fressen verstehe ich, aber was ist ›hell‹ und ›Blätter‹?«

»Die Blätter wachsen an den Bäumen. Du fliegst von einem zum anderen und suchst die zartesten aus.«

»Was ist fliegen?«

»Du klappst deine Flügel auf und schwirrst durch die Luft.«

»Jetzt verstehe ich gar nichts mehr«, entgegnete der Engerling. »Ich glaube, dein Tageslicht hat dir den Verstand ausgetrocknet.« Und – er drehte sich um und nagte an einer Wurzel.

»Dummer Kerl, komm du erst mal in meine Jahre«, sagte der Maikäfer und verspürte Hunger nach frischen Blättern.

42. Die Kastanien unter dem Laub

Thema	Zweifel an der Auferstehung
Vorlesedauer	ca.1 Minute
Hinführung	Es ist wichtig, den Glauben an ein Weiterleben auch mit Worten verteidigen zu können.

Ein Pfarrer, der seiner Gemeinde die christliche Hoffnung veranschaulichen wollte, machte einen Kastanienbaum, der vor der Kirche in voller Blüte stand, zum Gleichnis.

»Schien es nicht«, rief er aus, »als Sie zur Christmette kamen, als wäre er tot, als würde er nie mehr zum Leben erwachen? Und dann brachen die Knospen auf, und er blüht und ist herrlich wie ein Baum des Paradieses.«

Nach dem Gottesdienst erwartete ihn ein Mann an der Tür.

»Sie haben ganz gegen Ihre Absicht erwiesen, dass es kein Fortleben gibt«, sagte der Mann. »Der Baum wird im Herbst die Blätter verlieren und wieder kahl werden. Gewiss, er wird noch etliche Male blühen, aber schließlich bleibt er doch kahl und ist eingegangen. Immer ist der Herbst das Letzte, das Welken, die Fäulnis, der Tod.«

»Sie haben augenscheinlich recht«, antwortete nachdenklich der Pfarrer, »aber vergessen Sie eines nicht: die Kastanien unter dem Laub.«

Katharina Seidel

43. Der bellende Kirchenlehrer

Thema   Zweifel an der Auferstehung
Vorlesedauer   ca. 1½ Minuten
Hinführung   Es gibt mehr Hinweise, dass es nach dem Tod weitergeht,
               als Beweggründe, das Weiterleben zu leugnen.

Der Schwerkranke ergriff die Hand des Arztes. »Mir ist so bange vor dem Sterben. Sagen Sie mir doch, Herr Doktor, was wartet auf mich nach dem Tode? Wie wird es auf der anderen Seite aussehen?«

»Ich weiß es nicht«, antwortete der Arzt.

»Sie wissen es nicht?«, flüsterte der Sterbende.

Statt eine weitere Antwort zu geben, öffnete der Arzt die Tür zum Gang. Da lief ein Hund herein, sprang an ihm hoch und zeigte auf jede Weise, dass er sich freute, seinen Herrn wiederzusehen.

Jetzt wandte sich der Arzt dem Kranken zu und sagte: »Haben Sie das Verhalten des Hundes beobachtet? Er war vorher noch nie in diesem Raum und kennt nicht die Menschen, die hier wohnen. Aber er wusste, dass sein Herr auf der anderen Seite der Tür ist, darum sprang er fröhlich herein, sobald die Tür aufging. – Sehen Sie, ich weiß auch nichts Näheres, was nach dem Tod auf uns wartet; aber es genügt mir, zu wissen, dass mein Herr und Meister auf der anderen Seite ist. Darum werde ich, wenn eines Tages die Tür sich öffnet, mit großer Freude hinübergehen.«

Pierre Lefèvre

44. Die Kraft Gottes

Thema   Zweifel am Weiterleben nach dem Tod
Vorlesedauer   ca. 1 Minute
Hinführung   Die größten Geister unter den Gelehrten glauben an ein
               Weiterleben. Wir hören ein Beispiel.

Zu dem englischen Physiker Isaac Newton kam ein Zweifler und fragte: »Wie will Gott das machen, dass er den Leib wieder zusammensetzt, nachdem er zu Staub zerfallen ist?«

Newton ging lächelnd auf die Frage ein, nahm eine Menge Staub, mischte feinste Eisenfeilspäne darunter und fragte: »Wie kann man jetzt den Eisenstaub vom Sandstaub trennen?«

So etwas wollte der Frager gerade wissen, deshalb nahm Newton einen Magneten und hatte im Nu die beiden Staubarten voneinander abgesondert.

Dazu sagte er: »Gott hat den Menschen geschaffen und den Magneten. An der Kraft des Magneten zweifeln Sie nicht, aber an der Kraft Gottes wollen Sie zweifeln?«

Rolf Sättler

45. Die einfachste Sache

Thema	Zweifel an der Auferstehung
Vorlesedauer	ca. 1 Minute
Hinführung	Es hat immer Ungläubige und Spötter gegeben, die den Glauben heruntergezogen haben. Einige aber haben sich später bekehrt. Wir hören ein Beispiel.

Der französische Philosoph und Verspotter der christlichen Religion Voltaire gab zum Thema Auferstehung einmal eine Antwort, die man kaum von ihm erwartet hätte.

Eine Dame hatte gefragt, wie es möglich sei, dass es überhaupt Menschen gäbe, die an die Auferstehung glauben. Wer weiß, warum Voltaire widersprach, vielleicht, weil ihm die Dame allzu gescheit daherkam oder weil sie nur billige Zustimmung erwartet hatte, oder auch, weil sie von Voltaire ein Urteil über die angebliche Dummheit der Leute hören wollte.

Voltaire sagte: »Madame, die Auferstehung ist die einfachste Sache von der Welt. Der, der den Menschen einmal geschaffen hat, kann ihn auch zum zweiten Male schaffen.«

Rolf Sättler

46. Dialog dreier Embryos: Was kommt?

Thema	Zweifel, ob es ein Weiterleben gibt
Vorlesedauer	ca. 3 Minuten
Hinführung	Alles, was wir noch nicht erlebt haben oder nicht messen, wiegen und zählen konnten, wird zunächst einmal bezweifelt.

Z. = Zweifler   G. = Gläubige   S. = Skeptiker

L.: Im Bauch einer schwangeren Frau sind drei Embryos. Einer davon ist der kleine Gläubige, einer der kleine Zweifler und einer der kleine Skeptiker. Wir lernen die Standpunkte kennen!

G.: Ja, klar, das gibt es. Unser Leben hier ist nur dazu gedacht, dass wir wachsen und uns auf das Leben nach der Geburt vorbereiten, damit wir dann stark genug sind für das, was uns erwartet.

S.: Blödsinn, das gibt's doch nicht. Wie soll denn das überhaupt aussehen – ein Leben nach der Geburt?

G.: Das weiß ich auch nicht so genau. Aber es wird sicher viel heller als hier sein. Und vielleicht werden wir herumlaufen und mit dem Mund essen.

S.: So ein Quatsch! Herumlaufen, das geht doch gar nicht. Und mit dem Mund essen, so eine komische Idee. Es gibt doch die Nabelschnur, die uns ernährt. Außerdem geht das gar nicht, dass es ein Leben nach der Geburt gibt, weil die Nabelschnur schon jetzt viel zu kurz ist.

G.: Doch, es geht bestimmt. Es wird eben alles nur ein bisschen anders.

S.: Es ist noch nie einer nach der Geburt zurückgekommen. Mit der Geburt ist das Leben zu Ende. Und das Leben ist eine einzige Quälerei. Und dunkel.

G.: Auch wenn ich nicht so genau weiß, wie das Leben nach der Geburt aussieht, jedenfalls werden wir dann unsere Mutter sehen und sie wird für uns sorgen.

S.: Mutter?!? Du glaubst an eine Mutter? Wo ist sie denn bitte?

G.: Na hier, überall um uns herum. Wir sind und leben in ihr und durch sie. Ohne sie könnten wir gar nicht sein.

S.: Quatsch! Von einer Mutter habe ich ja noch nie was gemerkt, also gibt es sie auch nicht.

G.: Manchmal, wenn wir ganz still sind, kannst du sie singen hören. Oder spüren, wenn sie unsere Welt streichelt.

Z.: Und wenn es also ein Leben nach der Geburt gibt, wird der kleine Skeptiker dann bestraft, weil er nicht daran geglaubt hat?

G.: Das weiß ich nicht. Aber vielleicht bekommt er einen Klaps auf den Po, damit er die Augen aufmacht und sein Leben beginnt.

47. Vorübergehend unterbrochen

Thema	Den Zweifel überwinden
Vorlesedauer	ca. 2 Minuten
Hinführung	Es gibt im Zusammenhang mit dem Sterben oft Vorkommnisse, die nachdenklich machen.

Sie hatte diese Nummer gar nicht wählen wollen. Sie wollte ihre Schwester anrufen, um noch einmal eine Verabredung für den Abend zu treffen. Es gab noch manches zu regeln, ehe sie wieder heimfuhr. Vor einer Woche hatten sie ihre Mutter zu Grabe getragen, vor wenigen Tagen war der Haushalt aufgelöst worden. Der Schmerz war noch unvermindert tief. Instinktiv hatte ihre Hand die Nummer der Mutter gewählt, eine seit Jahren liebgewordene, in den letzten Wochen tägliche Gewohnheit. Entsetzt wollte sie den Hörer einhängen, als sie sich dessen bewusst wurde, voller Angst, das schreckliche, endgültige »Kein Anschluss unter dieser Nummer« hören zu müssen. Aber ihre Hand war wie gelähmt. Ihr wurde heiß in der engen Telefonzelle. Sie war unfähig, sich zu rühren.

Und dann geschah etwas Seltsames. Sie hörte die freundliche Stimme des »Fräuleins vom Amt« – auf ein seelenloses Tonband gebannt – etwas sagen, was sie nie zuvor und niemals danach mehr gehört hatte: »… diese Verbindung ist vorübergehend unterbrochen …«

Langsam, verwirrt hängte sie den Hörer ein und sann den Worten nach, die sie soeben vernommen hatte. Ihre Gedanken klammerten sich an das Wort »vorübergehend«, hakten sich daran fest. Diese Verbindung ist vorübergehend unterbrochen, dachte sie, nur vorübergehend. Eine amtliche Auskunft wurde für sie zur dogmatischen Aussage: Irgendwann wird diese Verbindung wiederhergestellt werden, zu einem Zeitpunkt, den Gott bestimmt.

Getröstet fuhr sie heim.

48. Ich versuche es zu glauben

Thema	Den Zweifel überwinden
Vorlesedauer	ca. 3 Minuten
Hinführung	Im Angesicht des Todes kann der Glaube an ein Weiterleben ins Wanken kommen. Man darf gerade in der Trauer geduldig mit sich selber umgehen.

Nun war Mutti schon drei Tage tot. Heute Morgen hatten sie sie beerdigt. Frank lag im Bett und starrte stumm an die Decke. Bei jedem Geräusch zuckte er zusammen und wandte sich voller Hoffnung zur Tür. War das vielleicht doch Mutti, die dort hereinkommen wollte wie sonst um diese Zeit? Oder klapperte sie vielleicht doch in der Küche? Es konnte einfach nicht sein, dass sie nicht mehr da war. Es waren doch schon so viele Autos zusammengestoßen und es war nichts weiter passiert. Nein, Frank war sich ganz sicher: In ein paar Tagen würde Mutti wieder zu Hause sein. Seine Mutti und tot, das gab es gar nicht.

»Du schläfst ja noch nicht.« Lautlos war Vater ins Zimmer getreten. Frank fuhr zusammen. »Ich kann nicht«, antwortete er. »Ich kann einfach nicht.«

Vater setzte sich ans Bett und strich ihm über das Haar. »Du denkst zu viel nach, Junge. Versuch einzuschlafen. Wir können es nicht ändern.«

»Kommt Mutti wirklich nicht wieder?«

»Nein, nie. Du hast doch gesehen, wie wir sie begraben mussten.«

»Vielleicht war Mutti gar nicht da drin?«

»Im Sarg? Doch.« Vater seufzte und strich sich müde über die Augen.

»Frank, wir müssen jetzt tapfer sein, du und ich. Schlaf jetzt. Es ist das Beste.«

Er knipste das Licht im Zimmer aus und schloss leise die Tür hinter sich. Nun hatte Frank es noch einmal gehört: Seine Mutter würde nicht wiederkommen. Und trotzdem konnte er es nicht glauben. Das ging nicht. Das ging einfach nicht.

Plötzlich setzte sich Frank kerzengerade auf. In der Religionsstunde hatten sie doch neulich davon gesprochen. Hatte Herr Müller nicht gesagt, dass die Toten wieder lebendig werden? Ja, Frank erinnerte sich genau: Die Toten werden auferstehen. Das hatte er gesagt. Und Jesus, Jesus war doch auch auferstanden.

Frank sprang aus dem Bett und rannte auf bloßen Füßen hinaus zum Vater. »Vati, die Toten werden doch wieder lebendig!«, rief er, zitternd vor Hoffnung. Vater antwortete nicht. Frank fragte hastig: »Das stimmt doch, Vati, nicht? Bitte sag, dass es stimmt!«

Vater nahm Frank in die Arme und antwortete leise: »Ich glaube, dass es stimmt. Ich versuche es zu glauben.«

»Weißt du es nicht?«

»Nein, Frank, ich weiß es nicht. Ich glaube es, hoffe es. Vielleicht kannst du es auch glauben.«

Ostersymbole, die vom neuen Leben künden

49. Zeichen neuen Lebens

Thema	Auferstehung
Vorlesedauer	ca. 50 Sekunden
Hinführung	Seit alter Zeit hat ein Ei staunen lassen.

Im Kloster der Russischen Schwestern in Jerusalem gibt es ein Altarbild, auf dem dargestellt ist, wie Maria Magdalena dem römischen Kaiser ein Ei vorweist. Daran knüpft sich die Legende, einst habe der Imperator spöttisch gelacht, als er vom Auferstehungsglauben der Christen gehört habe. Keck sei daraufhin Maria Magdalena vor ihn getreten und habe ihm ein beinahe ausgebrütetes Ei gezeigt. »Sieh diesen Stein. Nie würdest du glauben, dass aus totem Stein neues Leben wird.« Sie habe darauf vorsichtig die Eierschale zerschlagen und das Küken sei herausgeschlüpft. Zeichen neuen Lebens.

50. Jesus lebt

Thema	Auferstehung
Alter	Kindergarten/Grundschule
Vorlesedauer	ca. 1½ Minuten
Hinführung	Wie ein Küken aus dem Ei, so steht Jesus aus dem Felsengrab auf. Wir hören es in einer Geschichte nachempfunden.

Miriam steht im Stall und legt das Ei an ihr Ohr. Nichts rührt sich. Wie ein Stein liegt das Ei in ihrer Hand. Enttäuscht legt sie es zurück in das Nest. Sie hat sich so auf ein Küken gefreut.
»Komm, wir müssen gehen«, sagt die Mutter.

Es ist früh am Morgen. Miriam hilft den Frauen, die Salben zur Felsenhöhle hinauszutragen, wo Jesus begraben liegt. Die Frauen erreichen das Grab. Die Felsenplatte ist aufgebrochen.

Miriam bemerkt es als Erste: »Das Grab ist ja leer!«

»Was hat das zu bedeuten?«, fragen sich verwundert die Frauen.

»Das Grab ist aufgebrochen – es ist leer«, erzählen die Frauen in der Stadt.

»Was hat das zu bedeuten?«, fragen die Männer.

»Vielleicht hat man Jesus gestohlen«, sagen die Kinder. Sie wollen ihn suchen in Felsenspalten, Höhlen und alten Brunnen.

Miriam kommt aus dem Stall. »Ich weiß, was das zu bedeuten hat«, sagt sie. Die Frauen, Männer und Kinder folgen ihr. Alle schauen sie in das Nest. Die harte Schale ist aufgebrochen. Das Ei ist leer …

»Jesus lebt«, sagt Miriam.

Thomas Erne

51. Was haben Ei und Hase mit Ostern zu tun?

Thema	Brauchtum an Ostern
Alter	Grundschule
Vorlesedauer	ca. 4 Minuten
Hinführung	Überall bunte Eier und Osterhasen in allen Variationen. Frage ich aber jemanden: »Entschuldigung. Was hat das mit Ostern und der Auferstehung Jesu zu tun?«, ernte ich meist Schweigen. Was haben Eier und Osterhasen nun damit zu tun?

»Heute war die Predigt interessant!« Leon und Laura stürmen ins Haus. »Wenn die Eltern gleich aus der 11-Uhr-Messe kommen, werden wir sie festnageln!«

»Mutter, was hat eigentlich das Osterei mit der Auferstehung Jesu zu tun?«

»Vater, du sagst, was der Osterhase mit Ostern zu tun hat!«

»Dass die Eier bunt bemalt werden, hat doch sicherlich auch eine Bedeutung!«

Leon und Laura schauen schelmisch auf die Eltern.

»Da muss ich passen. Wohl vergessen.«

Leon schüttelt den Kopf: »Jedes Jahr macht es alle Welt – und kaum einer weiß, warum!«

»Na, vor zwei Stunden wusstest du es auch noch nicht«, holt Laura ihn wieder auf die Erde.

»Nun schießt endlich los. Was bedeutet denn das alles?«

Zuerst ist Leon dran: »Der Kaplan hatte alles vorne aufgebaut: Bunte Eier, einen Osterhasen und ein gebackenes Osterlämmchen, in dem ein Fähnchen steckte. In manchen Ländern ist der Hase ein Bild für neues Leben, weil er sich so stark vermehrt. Denn schon nach zwei Monaten kann ein Hase wieder Junge bekommen. Die können richtig zur Landplage werden: Vier Häschen als erster Wurf. Nach zwei Monaten wieder je vier Hasen und nach zwei Monaten von jedem wieder je vier Hasen… Eine richtige Rechenaufgabe. Jedenfalls: Der Hase ist ein Zeichen für neues Leben. Ähnlich wie Jesus durch seine Auferstehung auch neues Leben gebracht hat!«

»Das mit den Eiern erkläre ich«, meldet sich Laura. »Mit dem Ei ist das genauso: In anderen Völkern ist das Ei ein Zeichen für neues Leben gewesen. Weil man ja immer wieder staunen kann, wenn plötzlich aus so einer Schale ein quicklebendiges Küken herausspringt. Und das Buntfärben der Eier ist ein Zeichen der Freude.«

Zum Schluss sagt Leon: »In unserem Land sind dann diese beiden Zeichen für neues Leben zusammengekommen. Daraus haben die Leute dann einfach einen eierlegenden Hasen gemacht!«

»Was war denn mit dem Lämmchen?«, will die Mutter wissen. »Das hat doch sicher was mit dem Lamm zu tun, das die Israeliten damals geschlachtet haben, bevor sie Ägypten verlassen durften.«

»Richtig, Mutter«, unterbricht Laura, »die schlimmste Plage, dass nämlich jeder Erstgeborene am nächsten Morgen tot im Bett lag, konnte das Volk Israel bei sich verhindern, wenn es die Türpfosten mit dem Blut eines Lammes bestrich. Dieses Fest wurde später jedes Jahr neu gefeiert, das ›Pascha-Fest‹ (sprich: Pas-cha). Und das ist unser Osterfest, denn Jesus hat dann als das neue Lamm am Kreuz sein Blut vergossen, um uns zu retten.«

»Und die Siegesfahne?«

»Jesus ist auferstanden. Er hat den Tod besiegt!«, weiß Laura.

»Am Ende der Messe hat noch jeder ein Ei geschenkt bekommen. Die Messdiener hatten sie gesammelt, die Mädchen sie bunt gefärbt,« sprudelt Leon heraus, und Laura meint: »Ach, wäre es doch oft so interessant in der Kirche wie heute!«

52. Was uns ein Osterei sagen kann

Thema	Brauchtum an Ostern
Vorlesedauer	ca. 3 Minuten
Hinführung	Wir betrachten das Ei, das Symbol neuen Lebens, das wir an Ostern mit den Farben der Freude einander schenken. – Auch der Mensch beginnt sein Leben im Ei. Können Sie sich ein Gespräch mit einem Fötus vorstellen?

L.: Hallo, Fötus! Es naht deine Geburt. Noch einen Monat und wir können dich in unsere Arme nehmen.

F.: Davor aber habe ich ungeheure Angst. Wie soll das ablaufen, das Geboren-Werden?

L.: Du brauchst keine Angst zu haben, kleines Menschlein. Liebe und Geborgenheit erwarten dich hier auf der Welt.

F.: Aber ich fühle mich hier wohl in dieser herrlichen Kapsel der Fruchtblase, wo ich mich schwerelos und geschützt vor Stößen bewegen kann. Furchtbar, wenn ich daran denke, dass die Fruchtblase platzt.

L.: Fürchte dich nicht! Du wirst geboren zu einem Leben in einer immer noch schönen Welt. Aber zuerst musst du durch die dunkle Enge des Geburtsganges, um ins helle Leben zu kommen.

F.: Nein, ich will nicht! Was ich jetzt habe, weiß ich. Hier fühle ich mich wohl! Und all das soll ich eintauschen gegen ein Leben, das ich nicht kenne? Das ihr mir nur versprecht? Ich kann nicht nachprüfen, ob das stimmt, was ihr sagt. Ob ihr es ehrlich mit mir meint. Darum bleibe ich lieber hier, wo ich mich wohlfühle.

L.: Aber vertrau uns doch! Alle deine Organe sind angelegt für ein Leben in *dieser* Welt: mit den bunten Blumen, dem Blau des Himmels, dem herrlichen Wasser, den funkelnden Sternen. Du wirst über mein Gesicht streicheln, meine Hand wird dir Schutz und Sicherheit geben. Komm doch! Hab Mut! Alles ist bereit für deine Ankunft. Du musst immer nur vertrauen!

F.: Das können auch leere Versprechungen sein! Wie soll ich zum Beispiel leben können ohne die Nabelschnur, die so lebensnotwendig für mich ist?

L.: Du hast Lungen, mit denen du atmen kannst. Du hast eigenes Blut.

F.: Ich kann mir das alles nicht richtig vorstellen. Ich möchte nicht meine Sicherheiten aufgeben!

L.: Glaub doch meinen Erfahrungen. Es geht! Was dir tödlich erscheint, ist der einzig richtige Weg ins Leben. Du musst nur loslassen, was dir jetzt Sicherheit gibt. Für das neue Leben, das dich erwartet, gib alles andere auf.

53. Jonathans Ei

Thema	Symbole der Auferstehung
Vorlesedauer	ca. 6 Minuten
Hinführung	Menschen mit Behinderungen haben oft Antennen für Wirklichkeiten, die wir leicht übersehen.

Ein Junge, der Jonathan hieß, war körperlich und geistig leicht behindert und brachte seine Lehrerin manchmal zur Verzweiflung. Sicher, es gab Augenblicke, in denen er klar und deutlich sprach, aber oft starrte er nur vor sich hin und gab komische Geräusche von sich. Bei einem Gespräch mit den Eltern sagte sie deshalb sehr deutlich: »Jonathan gehört eigentlich in eine Sonderschule.«

Die Mutter weinte leise ins Taschentuch. Der Vater ergriff das Wort: »Frau Müller«, sagte er zögernd, »für unseren Sohn wäre das ein furchtbarer Schock, denn es gefällt ihm hier. Und weit und breit gibt es keine entsprechende Schule. Und wer weiß, wie lang er noch lebt; sein rätselhaftes Leiden ist unheilbar.«

Nachdem beide gegangen waren, saß die Lehrerin noch lange auf ihrem Stuhl. Sie hatte einerseits Mitleid mit den Eltern und deren einzigem Kind, aber wurden andererseits die übrigen Schüler nicht benachteiligt, wenn sie durch Jonathan oft abgelenkt waren? Und er würde sowieso nie lesen und schreiben lernen! Aber was waren ihre Schwierigkeiten im Vergleich mit denen dieser Familie?

Der Frühling kam, die Osterferien rückten näher, und so war denn auch das bevorstehende Osterfest Unterrichtsthema. Die Lehrerin erzählte die Geschichte von der Auferstehung Jesu und sprach von vielen Symbolen neuen Lebens, die das Wunder von Ostern augenfällig machen. Dann gab sie jedem Kind ein Plastikei und stellte die Hausaufgabe: »Bringt es morgen wieder mit, gefüllt mit etwas, das neues Leben zeigt.« Die Kinder nickten, nur Jonathan schaute sie unverwandt an, nicht einmal seine merkwürdigen Geräusche waren zu hören.

»Ach ja«, dachte sie, »ob er verstand, was sie über Tod und Auferstehung Jesu gesagt hatte?«

Sie nahm sich vor, seine Eltern anzurufen, um ihnen die gestellte Aufgabe zu erklären. Doch im Räderwerk der täglichen Pflichten vergaß sie es.

So nahte am nächsten Morgen die Religionsstunde. Die mitgebrachten gefüllten Plastikeier wurden zum Öffnen auf den Tisch der Lehrerin gelegt.

Im ersten Ei befand sich eine Blume. »Ja«, sagte Frau Müller, »eine Blume ist wirklich ein Zeichen neuen Lebens. Wenn die ersten grünen Spitzen aus der Erde ragen, wissen wir, dass es Frühling wird.« »Das ist *mein* Ei!«, meldete sich ein Mädchen aus der ersten Reihe.

Das nächste enthielt einen kleinen Schmetterling zum Anstecken, der richtig lebendig wirkte. Die Lehrerin hielt ihn in die Höhe: »Wir wissen alle, dass aus einer hässlichen Raupe ein wunderschöner Schmetterling

wird. Ein sehr treffendes Symbol für das neue Leben, das auf uns wartet!«

»Das war *mein* Ei«, lächelte die kleine Judith stolz.

Im nächsten fand die Lehrerin einen Stein, mit Moos bewachsen. In einem anderen einen kleinen Osterhasen – weil sie so viel Nachwuchs
haben können, gelten sie auch als Symbol für neues Leben. Dann ein
buntes Osterei; ein Ei ist wie ein Stein, wie ein Gefängnis: Keiner nimmt
an, dass sich darin noch etwas bewegen könnte, und trotzdem springt
ein lebendiges Küken heraus! Im nächsten war ein kleines Fähnchen –
wie es in gebackene Osterlämmer gesteckt wird.

Die Lehrerin wunderte sich, wie viel die Kinder behalten hatten.

Sie ergriff das nächste Ei – es war merkwürdig leicht; sie schüttelte es
ein wenig: Das Ei war leer. »Das ist bestimmt Jonathans Ei«, durchfuhr
es sie und wollte es zur Seite legen, um den Jungen nicht in Verlegenheit
zu bringen. Hätte sie doch nicht vergessen, seine Eltern anzurufen!

Aber da meldete sich schon Jonathan. »Frau Müller«, sagte er, »wollen
Sie nicht über *mein* Ei sprechen?«

Verwirrt gab sie zur Antwort: »Aber Jonathan – dein Ei ist ja leer!«

Er sah ihr offen in die Augen und meinte leise: »Ja, aber das Grab Jesu
war doch auch leer!«

Niemand sprach ein Wort. Als die Lehrerin sich wieder gefangen hatte,
fragte sie: »Jonathan, weißt du denn, warum das Grab leer war?«

»O ja«, gab er zur Antwort, »Jesus wurde getötet und ins Grab gelegt.
Aber da hat sein Vater ihn herausgeholt und wieder lebendig gemacht!«

Als die Pausenglocke schrillte und die Kinder nach draußen stürmten,
saß die Lehrerin immer noch wie betäubt da und hatte Tränen in den
Augen. Hatte nicht dieser zurückgebliebene, rätselhafte Junge von der
Auferstehung mehr verstanden als alle anderen Kinder?

Drei Monate später war Jonathan tot. Und als die Klasse mit dem Sarg
zum Grab zog, wunderten sich manche nicht wenig: Oben auf dem Sarg
waren Eierschalenhälften zu sehen, die allesamt leer waren.

(Vgl. Nr. 73: Krischans Kreuz)

54. Das Osterlamm

Thema	Symbole von Ostern verstehen
Vorlesedauer	ca. 4½ Minuten
Alter	Grundschule
Hinführung	Bei einem Besuch auf dem Land wird zwei Kindern klarer, was es mit dem Osterlamm auf sich hat, das mancherorts gebacken auf dem Tisch steht.

Anna und Johannes besuchen ihre Oma und ihren Opa. Die Großeltern wohnen auf einem Bauernhof und deshalb gibt es für die beiden Kinder immer viel zu entdecken. Heute fahren sie bei Opa auf dem Traktor mit, der den Kühen im Fasswagen frisches Wasser auf die Weide bringt.

Als sie aus dem kleinen Wäldchen hinter dem Bauernhof kommen, stupst Anna ihren Bruder an. »Schau mal, Schafe!«

Johannes sieht die Tiere auf der Wiese neben der Weide und wendet sich an Opa: »Dürfen wir die Schafe streicheln?«

Opa: »Geht erst mal zum Schäfer und fragt ihn. Er ist ein Freund von mir!«

Das lassen sich die beiden nicht zweimal sagen. Als Opa den Traktor anhält, springen die Kinder rasch herunter und rennen auf den Schäfer zu.

Schäfer: »Hallo, ihr beiden! Seid ihr bei eurem Opa zu Besuch? Ihr wollt sicher meine Schafe streicheln.«

»Jaah!«, rufen die beiden und wollen sich dem nächstbesten Schaf zuwenden, als sie der Hirte aufhält.

Schäfer: »Seid vorsichtig, das ist Bully! Der Bock kann etwas wild sein. Streichelt lieber Fanni da drüben.«

Während die Kinder das Schaf Fanni streicheln, hatte der Schäfer sich gebückt und kommt von hinten auf sie zu: »Ich habe eine Überraschung für euch!«

Anna dreht sich um und flötet: »Mensch, ein kleines Lamm. Ist das süß!«

Dann dürfen erst Anna und später Johannes das Lamm auf den Arm nehmen und streicheln. Sie sind beide ganz begeistert. Johannes bekommt eine feuchte Backe, als das Lamm ihm ins Gesicht stupst.

Als Anna und Johannes heimkommen, steht Oma gerade in der Küche und rührt Teig. Die beiden erzählen ganz begeistert von ihrem Erlebnis.

Johannes: »Das Fell des Lamms war so weich und es hat mich mit seiner Schnauze ins Gesicht gestupst.«

Anna entdeckt auf der Arbeitsplatte Backformen für Osterlämmer: »Machst du Osterlämmer, Oma? Warum kommt eigentlich ein Lamm ins Osternest?«

Johannes: »In der Kirche singen wir doch manchmal ›Lamm Gottes‹. Da kommt es vielleicht her.«

Oma: »Du hast Recht. Das Lamm ist ein Zeichen. Weil Lämmer gerade geboren wurden, sagen wir, sie sind ganz ohne Schuld; Unschuldslämmer also. Genauso ist es mit Jesus, er war unschuldig, als er am Kreuz gestorben ist. Deshalb nennen wir Jesus ›Lamm Gottes.‹«

Johannes: »Aber dann gehört das Osterlamm doch zum Karfreitag, zum Tod Jesu und nicht zum Ostersonntag.«

Anna: »Und die Fahne wird in das Lamm gebohrt, weil ein Soldat seine Lanze in die Seite Jesu stieß.«

Oma: »Nein, die Fahne ist ein echtes Osterzeichen. Johannes, hast du deine Deutschlandflagge von der Weltmeisterschaft noch?«

Johannes: »Klar, die habe ich in meinem Zimmer aufgehängt. Während der Deutschlandspiele habe ich sie immer dabeigehabt und geschwenkt. Ich habe mit unserer Mannschaft und den anderen Fans zusammen gejubelt. Jetzt verstehe ich: Die Fahne drückt die Freude über Ostern aus, dass Jesus lebt. Nur mit Fahne ist das gebackene Lamm ein richtiges Osterlamm. Sonst weiß ja keiner, dass Jesus wieder lebt.«

Anna: »Oma, wenn die Lämmer fertig gebacken sind, will ich die Fahnen hineinstecken. Ich will ja auch über Ostern jubeln: Jesus lebt!«

55. Duftende Rosenblätter vom Heiligen Grab

Thema	Symbole, die Auferstehung umschreiben
Vorlesedauer	ca. 1 Minute
Hinführung	In jedem Land gibt es andere Osterbräuche. Wir schauen einmal, welche es auf der griechischen Insel Kreta gibt.

Karsamstag in der Titusbasilika von Heraklion auf Kreta. Mitten im Raum ist ein Heiliges Grab aufgebaut, eine große Ikone mit Jesus und Maria. Immer wieder werden Körbe voll von Rosenblättern herbeigetragen: Man streut duftende Rosenblätter auf die große Fläche des Grabes und besprengt sie immerfort mit geweihten Wassern. Lieder und Gesänge begleiten diesen heiligen Ritus, Weihrauch steigt empor.

Dann treten die Gläubigen an das Heilige Grab, küssen die Ikone, um sich dann drei oder mehrere Rosenblätter zu nehmen, sie in feines Papier einzuwickeln und nach Hause zu bringen. Diese Rosenblätter haben einen bezaubernden Duft. Sie werden mitgenommen, um Leidende und Kranke zu trösten, Traurige zu erheitern, Zerstrittene zur Versöhnung zu bringen, »duftendes Licht der Auferstehung« in die Tage und Nächte zu holen.

56. Wenn das Feuer vom Himmel fällt

Thema	Bräuche und Symbole an Ostern
Vorlesedauer	ca. 1 Minute
Hinführung	In der Auferstehungskirche in Jerusalem fällt jedes Jahr Feuer vom Himmel. Was mag das bedeuten …?

Schon früh am Morgen des Karsamstags ist die Grabes- und Auferstehungskirche im Herzen der Altstadt von Jerusalem überfüllt, denn gegen dreizehn Uhr wird für die griechisch-orthodoxen und armenischen Christen »das heilige Feuer vom Himmel fallen«: Der Gekreuzigte hat den Tod besiegt.

Die Aufregung der singenden Menge geht fast in stumme Konzentration über, wenn der griechische Patriarch und der armenische Bischof durch zwei schmale Öffnungen auf den Seiten des Heiligen Grabes die Flamme herausreichen. Das Feuer breitet sich über unübersehbar viele Kerzen in Windeseile aus: Läufer tragen die Flamme in die verschiedenen Teile der Kirche und durch die ganze Stadt. Mit einer Autokolonne wird es im Eiltempo zum Flughafen nach Tel Aviv gebracht, von dort per Flugzeug nach Athen.

Gefährliche Szenen spielen sich in der Kirche ab, weil jeder rasch sein Bündel mit 33 kleinen Kerzen nach Hause tragen will, die auf die Lebensjahre des Herrn weisen. Die Trauer des Karfreitags ist in Freude umgeschlagen: Christus ist auferstanden!

Der Glaube an die Auferstehung befreit

. . . .

57. Das Beste an der Bibel

Thema　　　　An die Auferstehung glauben

Vorlesedauer　ca. 1½ Minuten

Hinführung　　Es gibt Menschen, die beneiden uns um den Glauben an
　　　　　　　die Auferstehung.

Der bekannte Liedermacher Wolf Biermann glaubt nicht an Gott. »Ich glaube, dass der Mensch Gott geschaffen hat und nicht Gott den Menschen«, bekennt er … Auf die Frage, welcher biblische Stoff ihm am meisten am Herzen liegt, antwortet der Liedermacher: »Das Beste an der Bibel finde ich die Auferstehung Jesu … Der Teil der Leidensgeschichte also, der offensichtlich gelogen ist. Der enthält für mich die tiefste Wahrheit.«

Biermann erzählt vom Besuch einiger Pfarrer, als er noch in Ostberlin wohnte. »Da war – ich erinnere mich – ein Pfarrer, ich glaube, aus dem Westen. Der wollte sich sympathisch machen, indem er mir etwas sagte, von dem er glaubte, dass es mir gefällt. Es war nämlich die Rede auf die Auferstehung gekommen, und er sagte: ›Na ja, Herr Biermann, das ist ja alles dummes Zeug mit der Auferstehung. Da sind wir längst darüber hinweg. Das ist doch alles Quatsch‹. So redete dieser praktische Pfarrer …

Ich geriet in einen gedämpften Wutanfall über diesen Menschen. Ich geriet ins Predigen. Vielleicht war die Anwesenheit so vieler Pastoren schuld daran. Ich hielt ihm eine Predigt darüber, warum nach meiner unchristlichen Meinung die Auferstehung Jesu der *wichtigste* Teil der Leidensgeschichte ist.

Wer die Auferstehung preisgibt, der ist von Gott und allen guten Geistern verlassen.«

58. Das größte Ereignis der Geschichte

Unser Glaube an den Auferstandenen stellt alles in den Schatten

Vorlesedauer ca. 30 Sekunden

Hinführung Was, meint ihr, ist das größte Ereignis in der Geschichte der Welt seit den Tagen der Schöpfung?

Als die amerikanischen Astronauten von der ersten Mondlandung zurückgekehrt waren, erklärte Präsident Nixon: »Das ist das größte Ereignis in der Geschichte der Welt seit den Tagen der Schöpfung.«
Auf diesen etwas großspurigen Ausspruch erklärte der bekannte Volksprediger Billy Graham, das hätte der Präsident nicht richtig bedacht, denn die Geburt, der Tod und die Auferstehung Jesu Christi seien das größte und bedeutendste Ereignis der Weltgeschichte.

59. Ganz anders

Thema Der Auferstehungsglaube

Vorlesedauer ca. 30 Sekunden

Hinführung Was erwartet uns nach unserer Auferstehung?

»Glauben Sie an ein Leben nach dem Tod?«, fragte ich.
»Selbstverständlich!«, sagte sie nachdrücklich. »Der Tod ist nichts weiter als ein Gang von einem Raum in den anderen.«
Wir saßen schweigend da. Die Hitze und der schwere Duft der Blüten machten uns schläfrig. Auf einmal sprach Helen wieder. Langsam und sehr bestimmt sagte sie: »Aber für mich gibt es da einen Unterschied. Denn in dem anderen Raum – da werde ich sehen können!«

(Die blinde Helen Keller im Gespräch mit Lilli Palmer)

60. Halleluja

Thema	Der Auferstehungsglaube
Vorlesedauer	ca. 4½ Minuten
Alter	5–9 Jahre
Hinführung	Es gibt ein Fremdwort, das kennt jeder. Es umschreibt den Jubel, der laut wird, weil Jesus an Ostern auferstanden ist. Dazu hören wir eine schöne und heitere Begebenheit:

Hannas Mutter singt im Kirchenchor mit. Manchmal übt sie ihre Lieder auch zu Hause. Hanna hört andächtig zu. Sie kann die Worte nicht verstehen, aber es klingt so schön, wenn die Mutter singt. Ein Wort singt die Mutter immer wieder. Es kommt in vielen Liedern vor: Es heißt Halleluja.

»Was heißt Halleluja?«, fragt Hanna.

»Es heißt: Lieber Gott, ich liebe dich und lobe dich und ehre dich«, sagt die Mutter. »Deshalb kommt es so oft vor!«

»Wissen denn auch die Leute, die euch zuhören, was es heißt?«, fragt Hanna.

»Natürlich«, sagt die Mutter. »Das wissen nicht nur die Leute in unserem Land. Das wissen auch die Leute, die in Frankreich und England und Italien und Spanien und Russland und Amerika und in vielen anderen Ländern leben. Sie singen und sprechen es. Wenn sie den lieben Gott loben und ehren wollen.«

»Halleluja«, sagt Hanna. »Halleluja«, singt sie. »Ein schönes Wort«, meint sie.

Ein paar Tage später kommt Besuch aus Amerika. Hanna und Vater und Mutter fahren auf den Flughafen, um Tante Milly und Onkel Jeff abzuholen. Sie müssen lange warten. Das Flugzeug hat sich verspätet. Hanna hat viel Zeit, sich umzuschauen. Was für ein Trubel! So viele Leute gehen in der Halle hin und her, steigen Treppen hinauf und hinunter, warten an den Schaltern, sitzen und stehen herum. Hanna schaut die Leute an. Manche sehen merkwürdig aus. Sie haben braune Gesichter oder schiefe Augen oder ganz krauses Haar. Manche Leute haben komische Kleider an und seltsame Mützen und Hüte auf. Hanna hört ihnen zu. Aber viele von ihnen sprechen so, dass Hanna sie nicht verstehen kann. Sie sprechen fremde Sprachen.

Aber Halleluja verstehen sie, denkt Hanna. Sie schaut eine junge Frau an, die langes schwarzes Haar und eine braune Haut hat. »Halleluja«, sagt Hanna erwartungsvoll zu ihr.

Die junge Frau lächelt ihr zu und antwortet: »Halleluja.«

Da freut sich Hanna und geht weiter.

Zwei Männer sitzen auf einer Bank und reden miteinander in einer fremden Sprache. Die Männer haben krauses Haar und Schnurrbärte und weiße Anzüge.

»Halleluja!«, sagt Hanna laut.

Die beiden Männer hören auf zu reden. Sie lachen. Sie nicken Hanna zu und sagen: »Halleluja!«

Hanna strahlt. Sie denkt: Wenn ich Halleluja sage, verstehen sie mich. Es ist wie ein Zauberwort.

»Halleluja, Halleluja!«, ruft sie allen zu. Sie läuft durch die Halle und jubelt: »Halleluja, Halleluja!«

»Pst, Hanna«, mahnt die Mutter.

Aber die Leute freuen sich. Viele drehen sich nach Hanna um, lächeln und nicken und winken ihr zu, und manche rufen »Halleluja!« zurück.

Ein dicker Mann fängt sogar an zu singen. Er singt auch so wie die Mutter im Kirchenchor. Er singt dreimal »Halleluja«, dann fängt er an zu lachen und schenkt Hanna ein Stück Schokolade.

Hanna staunt. Wie freundlich die Leute von diesem Wort werden!

Später, als Tante Milly und Onkel Jeff schon angekommen sind und mit Vater und Mutter und Hanna durch die Halle zum Ausgang gehen, winkt eine Frau und ruft: »Halleluja!«

»Sie meint sicher dich«, sagt der Vater zu Hanna.

»Halleluja!«, ruft ihr Hanna zu und winkt zurück.

Tante Milly und Onkel Jeff wundern sich. »Ist das ein Gruß?«, fragen sie.

»Es ist Hannas Gruß«, erklärt die Mutter. »Wirklich ein schöner Gruß, viel schöner als ›Guten Tag‹ oder ›Auf Wiedersehen‹. Versuch doch mal, Hanna, ob du den Menschen deinen neuen Gruß angewöhnen kannst.«

»Ja«, sagt Hanna ernst, »ich will's versuchen.«

Gudrun Pausewang

61. Der Herr ist auferstanden, Halleluja!

Thema   Der Glaube an die Auferstehung

Vorlesedauer   ca. 2 Minuten

Hinführung   Warum sollen in einer Straßenbahn nicht auch christliche Lieder gesungen werden?

Mein älterer Bruder war während der Osterferien zu Besuch bei unseren Großeltern. Mit der Oma fuhr er in der Straßenbahn zum Einkaufen in die Stadt. Und dort, zwischen den anderen Fahrgästen, fing er plötzlich zu singen an:

»Der Herr ist auferstanden! Er ist wahrhaftig auferstanden! Halleluja, halleluja!«

Meine Oma wurde unruhig. Der österliche Gesang des Kindes hier in der Straßenbahn war ihr peinlich.

»Ach, Junge, lass doch …«, versuchte sie den Enkel vorsichtig zum Schweigen zu bringen.

Der aber sang mit klarer Stimme sein Lied unbeirrt weiter. Manche Fahrgäste horchten auf. Gespräche verstummten. Man drehte sich zu dem kleinen Sänger um.

»Der Herr ist auferstanden! Er ist wahrhaftig auferstanden!« Er liebte diesen Kanon, der bei uns zu Hause in der Osterzeit oft gesungen wurde. Meine Oma litt. Bis eine Frau ihr gegenüber sagte: »Nun lassen Sie den Jungen doch ruhig singen! Manche haben diese Botschaft vielleicht noch nie gehört!« –

Wir erinnern uns gern an diese Geschichte. Heute ist sie nicht mehr der Oma, sondern dem inzwischen erwachsenen Enkel peinlich.

Aber ich frage mich: Warum? Warum war es peinlich, dass er in der Straßenbahn sang? Hätte er gesungen: »Hänschen klein« oder »Alle Vögel sind schon da«, dann wäre das vermutlich vollkommen in Ordnung gewesen. Vielleicht hätte jemand gesagt: »Das ist aber ein fröhlicher Junge!« oder »Der kann ja schön singen!« Jedenfalls hätte es niemand komisch gefunden. Nun sang er aber: »Der Herr ist auferstanden!« – wie zu Hause, wie in der Kirche.

Warum also nicht auch in der Straßenbahn?

62. Österlicher Durchbruch

Thema	Auferstehungsglaube
Vorlesedauer	ca. 1 Minute
Hinführung	Wie kann Freude über die Auferstehung ausfallen?

In einem Wohnviertel von Brüssel kenne ich ein besonderes Hotel, an dessen Eingang es keine Stufen gibt. Die Schwelle ist eben, um Krankenstühle ungehindert passieren zu lassen. Das Hotel wird von einer christlichen Gemeinschaft geführt. In dieser Gemeinschaft leben alte Frauen, Alkoholikerinnen, Flüchtlinge aus Pakistan und Indien zusammen mit vier physisch Behinderten.

Eine dieser Behinderten, ein junges Mädchen, das sich nur verständlich machen kann, indem es die Worte auf einer Schreibmaschine schreibt, hat kürzlich im französischen Fernsehen an einer Diskussion über Behindertenprobleme teilgenommen. Als sie um ihre Meinung befragt wurde, tippte sie einige Buchstaben auf ihrer Schreibmaschine. Die Kamera ging ganz nahe an das Blatt Papier heran. Da stand: Halleluja!

Georges Hourdin

63. Das Osterbrot

Thema	Der Glaube an die Auferstehung
Vorlesedauer	ca. 2 Minuten
Hinführung	Der Glaube an den Auferstandenen zeigt Früchte, wenn er echt ist.

Am Karsamstag zog jedes Jahr von der Küche aus ein Duft durchs Haus, der unbeschreiblich war. Am Ostersonntag schlug Großmutter dann mit dem Messer ein Kreuz über den gebackenen Laib Brot, schnitt ihn an, bestrich die Scheiben mit Honig und reichte sie uns. Jetzt war für sie Ostern.

»Sag doch, warum bäckst du nur einmal im Jahr Brot und das gerade zu Ostern?« Auf diese Frage hin richtete Großmutter ihren Blick in die Ferne und begann zu erzählen:

»Es war nach dem Ersten Weltkrieg. Eine Handvoll bewaffneter Männer klopfte an die Haustür. Großvater wurde wegen vermuteten Widerstandes verhaftet, und wir mussten Ostoberschlesien sofort verlassen. Auf der Flucht rasteten wir eines Abends in einem kleinen polnischen Dorf. Für die Nacht wurde uns ein Backhaus zugewiesen. Da stellte eine junge Frau eine Schüssel mit Mehl, ein Schälchen Sauerteig, einen Krug Milch und ein Tütchen voll Salz vor die Tür. Doch ich war hilflos, ich hatte noch nie Brot gebacken.

Da kamen Frauen und halfen mir: Sie führten mir die Hände, und mit der Sprache von Gebärden zeigten sie mir, wie es ging. Als das Brot warm duftend auf dem Brett lag, war ich sehr glücklich.

Die Frauen sagten mir in schwerverständlichem Deutsch, dass ich das Brot erst morgen anschneiden solle, denn dann sei Ostern. Und sie stellten mir ein Töpfchen Honig dazu.

Versteht ihr jetzt, warum ich es Jahr für Jahr wiederhole und dabei der Frauen gedenke, die Liebe gaben, als die Welt so voller Hass war? Damals bin ich ein wenig aus meiner Not und Verzweiflung ›auferstanden‹!«

Nach Dieter Kaergel

64. Der Korb Ostereier

Thema	Versöhnung aus der Kraft des Glaubens
Vorlesedauer	ca. 4½ Minuten
Hinführung	Wie lange brauchst du, um Rachegedanken zu überwinden?
	Und wenn du es dann schaffst, dich zu versöhnen: Woher nimmst du diese Kraft?

»Wenn du Lust hast, begleite mich ein Stück«, sagte er zu mir.

Ich tat ihm den Gefallen. Wir fuhren ungefähr 50 Kilometer vor die Stadt in ein großes, reiches Dorf. Vor einem behäbigen, weit ausladenden Bauernhof machte er halt. Es dauerte eine kurze Zeit, bis ihn der Besitzer empfing.

»Sie werden sich meiner nicht erinnern«, sagte der Fremde, »es war genau wie heute vor vielen Jahren am Ostersonntag. Ich kam damals in meiner größten Not zu Ihnen und bat Sie um ein Stück Brot.«

»Damals kamen viele«, sagte der Bauer.

»Eben. Aber Sie hatten ein gutes Herz. Sie gaben mir nicht nur das erbetene Stück Brot. Sie gaben mir auch zwei rote Ostereier dazu und ein kleines Stück Speck. Ich habe Ihnen das nie vergessen. Ich war damals am Ende meiner Kräfte. Ohne Sie wäre ich verhungert.«

»Ich kann mich nicht erinnern, aber es ist möglich«, sagte der Mann, ein wenig beschämt und beglückt zur gleichen Zeit, »es ist so lange her ...«

Mein Freund nickte: »Ich hatte mir damals, als ich beschenkt von Ihrer Tür wegging, vorgenommen, es Ihnen eines Tages zu vergelten. Heute geht es mir wieder gut. Ich habe ihnen darum einen ganzen Korb Ostereier mitgebracht und einen Osterschinken dazu – würden Sie mir die Freundlichkeit erweisen, diese Gabe als Zeichen meines Dankes entgegenzunehmen?«

Der Bauer stand verwirrt da.

Wir fuhren weiter mit dem Wagen in ein zweites Haus, nicht allzu weit vom ersten entfernt. Hier empfing uns die Hausfrau.

»Am Ostersonntag vor wie viel Jahren?« fragte sie, »nein, ich erinnere mich wirklich nicht – es war damals eine harte Zeit …«

»Aber Sie hatten ein weiches und gutes Herz«, sagte mein Freund.

»Sie schenkten mir zwei rote Ostereier und ein großes Stück von Ihrem Osterbrot. Ich erinnere mich noch genau: Es waren Mandeln und Rosinen darin. Heute bin ich gekommen, Ihnen zu danken, was Sie seinerzeit Gutes an mir taten. Darf ich diesen Korb mit roten Ostereiern und einem Osterkuchen obenauf als kleines Zeichen meiner Dankbarkeit für Ihre Nächstenliebe auf den Tisch stellen?«

»Sie beschämen mich«, sagte die Frau und begann zu weinen.

Das ging so drei, vier Häuser weiter; beim siebenten Hof, wo wir vorfuhren – und ich sah noch eine Anzahl Körbe mit roten Ostereiern in seinem Wagen, wir waren also noch nicht am Ende –, fragte ich ihn verwundert: »Dir muss es in diesen Tagen gar nicht so schlecht gegangen sein, wenn du überall am Ostersonntag zwei Ostereier und hier ein Stück Speck, dort einen Kuchen und da wiederum ein Stück Wurst bekommen hast, alles an einem Tag, wie gut muss es dir da gegangen sein!«

Mein Freund hielt den Wagen an. »Es ging mir nicht besser als den anderen. An allen Türen, wo ich anklopfte, wurde ich barsch abgewiesen. Ich habe nicht ein einziges Osterei bekommen, geschweige ein Stück Brot oder Speck.«

»Überall dort, wo wir heute waren?«

»Genau in diesen Häusern. Genau von denselben Menschen.«

»Warum bringst du ihnen dann diesen Korb mit Eiern und ein anderes Geschenk obenauf und bedankst dich bei denen, die dir nicht halfen?«

Mein Freund lächelte leise. Er antwortete: »Wenn man den Menschen sagt, sie hätten einmal etwas Gutes getan, auch wenn sie sich nicht daran erinnern – so glauben sie gern daran, dass sie ihre gute Tat nur vergessen haben. Man kann ihnen einreden, gut gewesen zu sein. So etwas glaubt jeder gern. Und vielleicht tut er daraufhin heute oder morgen wirklich einmal etwas Gutes und hilft einem Menschen, der es nötig hat. Ist das nicht einen Korb Ostereier wert?«

Jo Hanns Rösler

65. Als Beschenkte weiterschenken

Thema	Was der Auferstehungsglaube bewirken kann
Vorlesedauer	ca. 2 Minuten
Hinführung	Unser größtes Geschenk ist, dass Jesus uns ewiges Leben geschenkt hat. Das kann jetzt schon Wirkung zeigen.

Meine Mutter sprach oft davon: An jenem Ostersonntag war sie, damals achtjährig, nach der Kirche zu dem festlich und endlich wieder reich gedeckten Frühstückstisch heimgeeilt.

Gerade als die Familie mit dem Mahl beginnen wollte, klopfte es an der Wohnungstür. Sie lief öffnen. Draußen stand ein alter Mann, der um eine kleine Gabe bat.

Während ihr Vater seine Geldtasche zog, meinte die Mutter: »Sollte es zu Ostern nicht etwas anderes sein?«

Der Vater nickte freundlich, und ihre Mutter schnitt eine dicke Scheibe Schinken ab, nahm eine von den Räucherwürsten und ein paar Eier und legte noch ein Stück Milchbrot dazu. Das alles packte sie in ein weißes Papier und ließ es die kleine Gerti dem Alten bringen.

Der stutzte zuerst, dann nahm er das Gereichte unter mehrmaliger Verbeugung dankend an sich. Gerti schloss die Tür und blieb hinter dem Vorhang stehen. Nachdem der Alte einige Schritte abwärtsgegangen war, hielt er inne, um das Paket zu öffnen.

Plötzlich machte er kehrt und kam wieder zurück. Er klopfte. Gerti öffnete. Da griff der Greis, dessen Gesicht eine einzige Freude war, unsicher nach der Hand des Kindes und küsste sie.

Gerti wurde seltsam zumute, ein heißes Würgen schnürte ihre Kehle zu – und mit einem Male musste sie losweinen.

Drinnen erzählte sie das Erlebte ihren Eltern. Vater strich Mutter wortlos übers Haar und zog das Töchterchen an sich.

Da sagte Mutter mit leiser Stimme: »Es gibt nichts Schöneres als Schenken, Gerti! Wer schenkt, kann nie ganz unglücklich sein!«

66. Der Ostergruß

Thema	Auferstehungsglaube
Vorlesedauer	ca. 3½ Minuten
Hinführung	Unser Glaube kann Berge versetzen. Wir hören, wie ein Berg versetzt wird.

Ich bin Landwirt. Meine Frau ist in Russland geboren. Seit vielen Jahren bewohnen wir unseren eigenen Hof in Yorkshire, England. Damals suchten wir eine Haushaltshilfe, und meine Frau äußerte den Wunsch, eine russische Emigrantin einzustellen.

Drei Wochen vor Ostern trat ein junges Mädchen bei uns ihre Stellung an, ungefähr sechzehnjährig und stets mit einem freundlichen Lächeln auf den Lippen. Wie wohltuend war ihre frische Art, weil damals in unserer Familie, besonders zwischen uns Eheleuten, nicht eitel Friede herrschte.

Am Ostermorgen hatten wir einen heftigen Streit, ein böses Wort gab das andere, bis ich schließlich sogar Mühe hatte, mich äußerlich zu beherrschen. Ich hatte Lust, alles kurz und klein zu schlagen.

So saß ich denn am Frühstückstisch mit geballten Fäusten. Als es an der Tür klopfte, sprang ich auf. Aber herein trat das Mädchen mit dem Tablett, und mit sanftem Lächeln sagte es: »Kristos voskres!«

Der Gegensatz war unbeschreiblich. Da waren wir beide, meine Frau und ich, mit zornroten Köpfen und Herzen voller Hass, und daneben dieses Mädchen, das Frieden ausstrahlte.

Meine Frau wandte sich um, bedeckte das Gesicht mit den Händen und begann zu weinen. Ich sah diese Tränen, fragte mich überrascht, was hier passiert sei, und sagte: »Was hat das Mädchen gesagt?« Denn ich verstehe nur wenig Russisch.

Meine Frau blickte auf – ich werde das nie vergessen. Als ich sie ansah, las ich in ihrem Blick etwas von der Liebe, die sie mir vor Jahren entgegengebracht hatte.

Ganz einfach sagte sie: »Christus ist auferstanden. Das hat Anna gesagt!«

Plötzlich verstand ich den Zusammenhang. Es war ja Ostern, und an Ostern grüßte man sich in Russland mit den Worten: »Christus ist auferstanden!«

Was für traurige Erinnerungen musste dieser Gruß in meiner Frau geweckt haben. Ich erkannte, dass sie sich im Geist zurückversetzte in längst vergangene Zeiten. Wortlos trat sie zu mir, legte die Hände auf meine Schulter und sagte: »Es tut mir leid, mein Lieber, bitte verzeih mir, wenn du kannst.«

»Ich dir verzeihen? Wir haben beide Vergebung nötig, auch ich.«

Sie können sich kaum vorstellen, welche Veränderung das in unserem Haus bewirkt hat. Wahrhaftig, Christus war in unseren Herzen auferstanden. Wir schauten auf zu ihm und begannen gemeinsam, ihm zu dienen.

Es würde zu weit führen, wenn ich alles berichten wollte, was seither geschehen ist. Ich weiß nur, dass wir heute zu den glücklichsten Menschen gehören, und das, weil uns jemand im rechten Augenblick an die große, herrliche Botschaft erinnert hat: »Der Herr ist wahrhaftig auferstanden!«

Axel Kühner

67. Auferstanden zu neuem Leben

Thema	Auferstehungsglaube
Vorlesedauer	ca. 3½ Minuten
Hinführung	Wer wirklich glaubt, bemüht sich auch, die Welt zu verbessern.
	Wir hören ein Beispiel:

Jeden Tag, wenn ich durch eine Straße von Rio de Janeiro ging, sah ich einen Mann in den besten Jahren, der an eine Hausmauer angelehnt auf dem Boden hockte und mit der ausgestreckten Hand um eine Gabe bat. Er konnte nicht gehen. Seine Beine waren verstümmelt.

Zu oft war ich schon an ihm vorbeigegangen, ohne richtig zu überlegen, was es heißt, nicht aufstehen zu können, behindert zu sein.

Eines Tages aber kam mir das Lebensschicksal dieses Mannes in seiner ganzen Härte zum Bewusstsein, denn ich sah, wie viele an ihm vorbeigingen, ohne ihn zu beachten, geschweige denn ihm etwas zu geben. Kurzentschlossen ging ich auf ihn zu und fragte ihn, ob er aufstehen möchte, ob er den Wunsch hätte, gehen zu können. Misstrauisch musterte er mich eine Weile, dann aber musste er wohl in meinem Gesicht gemerkt haben, dass ich ihn nicht verspotten wollte und fing an zu erzählen.

Er hoffe immer noch auf eine Wende in seinem Leben. Ich aber wäre der erste Passant seit langer Zeit, der ihn angesprochen hätte.

»Ich bin in meinem Schicksal so allein«, klagte er, »denn für viele ist es peinlich anzuhalten, und sie schämen sich, mit mir zu reden, das spüre ich nur zu gut. Ich danke Ihnen. – Ich möchte mich zu gerne weiterbewegen können, aber niemand hilft mir dabei, denn die Gehwerkzeuge sind für mich und für meine Verwandten unerschwinglich. Ich muss es wohl vergessen.«

Ich gab ihm die Hand und versprach ihm: »Ich werde Sie zum Gehen bringen.« Dann ging ich nach Hause.

Bei der Sonntagsmesse sprach ich in der Ansprache nur über diesen Mann und von seinem Los und was wir für ihn tun könnten. Eine spontane Kollekte brachte mehr ein, als für Krücken und künstliche Beine nötig war. Ich war froh. Noch froher und überraschter aber war der Mann an der Straße, der es gar nicht glauben konnte, dass ihm geholfen würde. Die nächsten Wochen übte er fleißig, bis er auch ohne Hilfe gehen konnte.

Dann nahte das Osterfest. Ich lud ihn zum Hauptgottesdienst ein und gab ihm einen Platz ganz vorne neben dem Altar. Wiederum predigte ich von ihm und sagte: »Jesus ist auferstanden zu neuem Leben. Er schenkt auch uns neues Leben. Wir haben es auch in der Hand, dass für unsere Mitmenschen ein ganz neues Leben beginnt. Durch Sie hat es für unseren Freund, der neben mir sitzt, begonnen. Stehen Sie auf und zeigen Sie sich der Gemeinde, zu der Sie nun gehören«.

Er stand auf und zeigte, dass er gehen konnte. Bewegende Begeisterung erfüllte die Kirche.

Das war für mich die schönste Auferstehungsfeier.

68. Christus ist auferstanden!

Thema	Was der Osterglaube bewirken kann
Vorlesedauer	ca. 2 Minuten
Hinführung	Christen, die in der Verfolgung leben, verdienen unsere größte Hochachtung. Wir hören das Beispiel eines jungen Mädchens.

Es war in Moskau im Gefängnis der Geheimpolizei. Eine der Gefangenen – Frau von Arsenjeff – erzählt von einem Erlebnis, das sie an diesem Ort des Schreckens hatte:

»Eines Abends flüsterte mir meine junge Mitgefangene in der Zelle zu: ›Wissen Sie, was morgen für ein Tag ist? Morgen ist Ostern!‹

War das Osterfest tatsächlich schon so nahe? Ostern ist Freude für die ganze Menschheit. Nur wir waren von dieser Freude ausgeschlossen. Trostlos ging ich den Korridor entlang.

Plötzlich durchbrach ein Schrei die bedrückende Stille: ›Christus ist auferstanden!‹ Wer hatte es gewagt, unseren Ostergruß zu rufen? Ich sah meine Gefährtin an. Die großen Augen leuchteten in dem blassen Gesicht.

Da erklang schon die Antwort. Aus jeder Zelle ertönten die freudigen Stimmen: ›Er ist wahrhaft auferstanden!‹

Die Wächter waren sprachlos, vor Staunen versteinert. Solch eine Frechheit, wie sie meinten, war ihnen noch nicht vorgekommen. Sie stürzten sich auf das junge Mädchen und schleppten es mit sich.

Nach vier Tagen kehrte sie in meine Zelle zurück. Das Gesicht sah elend und abgemagert aus. Man hatte sie die Ostertage über in einer ungeheizten Strafzelle frieren und hungern lassen.

›Ich habe aber *doch* die Osterbotschaft im Gefängnis verkündet‹, sagte sie zu mir mit leuchtenden Augen, ›alles andere ist ja nicht wichtig!‹«

Pierre Lefèvre

69. Auferstanden ist der Herr

Thema Der Osterglaube

Vorlesedauer ca. 1½ Minuten

Hinführung Menschen, die an die Auferstehung glauben, nehmen alles in Kauf. Wir hören ein Beispiel aus der Zeit, in der Christen in Russland noch unerbittlich verfolgt wurden.

Auf einer überfüllten Parteiversammlung in einer mittleren Stadt unweit von Moskau hat ein Funktionär über zwei Stunden auf seine Zuhörer eingeredet und den »Beweis« erbracht, es gebe keinen Gott, es können keinen geben und es habe nie einer existiert.

Seines Erfolges sicher stellt er zum Schluss die stereotype Frage, ob jemand zu seinen Ausführungen noch etwas zu sagen oder zu fragen habe.

Da hebt ein unscheinbar aussehender Mann, ein einfacher Bauer, den Arm und bittet, nach vorne kommen zu dürfen, was ihm der Redner wohl oder übel gestattet.

Der Bauer steigt zum Podium hinauf und betritt das Rednerpult. Langsam dreht er sich der Menschenmenge zu, breitet seine Arme aus und ruft in den Saal: »Christus ist auferstanden!« Wie *ein* Mann springen alle von ihren Sitzen und schreien aus einem Munde: »Ja, er ist wahrhaft auferstanden!«

Was mit dem Kolchosearbeiter geschah, lässt sich unschwer erraten: Sein Gang zum Rednerpult war sein Gang in die Verbannung.

P. Chrysostomus Dahm

70. Ostern im Straflager

Thema   Der Glaube an die Auferstehung

Vorlesedauer   ca. 2½ Minuten

Hinführung   Menschen, die fest an den auferstandenen Christus glauben, sind nicht unterzukriegen. Wir hören ein Beispiel aus der Zeit der Christenverfolgung in Russland.

Der Augenzeugenbericht einer Russin, die als Dreißigjährige für 18 Jahre in die Eiswüsten Nordsibiriens verbannt wurde:

»Uns hat das Beispiel der Bäuerinnen von Woronesch, die kaum lesen und schreiben konnten, seelisch stärker gemacht. In jenem Jahr war Ostern Ende April. Diese Frauen erfüllten als einzige ihr Soll (stets ohne Pfusch), und nur durch sie wurde der Produktionsplan an unserem ›Kilometer sieben‹ eingehalten. Trotzdem ließ der Wachhabende nicht mit sich reden, als sie ihn baten, ihnen am ersten Ostertag freizugeben.

Sie baten: ›Wir werden Ihnen dieses Soll dreimal abliefern. Tun Sie uns nur den Gefallen!‹

Er aber kannte kein Erbarmen: ›Wir erkennen keinerlei religiöse Festtage an. Ab in den Wald! Und lasst euch nicht einfallen, dort zu feiern!‹«

Die Augenzeugin schreibt weiter: »Wir konnten alles beobachten. Die Bäuerinnen weigerten sich, die Baracke zu verlassen. Immer wieder sagten sie: ›Ostern, Ostern. Es ist eine Sünde, heute zu arbeiten.‹ Da wurden sie mit Gewehrkolben hinausgetrieben.

Als sie an ihrem Arbeitsplatz im Wald ankamen, stellten sie die Äxte und Sägen ordentlich zusammen, setzten sich würdevoll auf die noch immer vereisten Baumstümpfe und begannen laut zu beten.

Darauf befahlen ihnen die Wachen, offensichtlich auf Befehl des Wachhabenden, die Schuhe auszuziehen und sich mit bloßen Füßen auf das mit Schmelzwasser bedeckte Eis eines kleinen Teiches zu stellen …

Ich weiß nicht mehr, wie lange diese Folter dauerte – eine körperliche für die Frauen, für uns eine seelische.

Sie standen barfuß auf dem Eis und sangen ihre Gebete.

Wir ließen unser Werkzeug liegen und liefen von einem Wachsoldaten zum anderen, weinten und versuchten, sie zu erweichen.

Die Strafzelle war in jener Nacht so überfüllt, dass man kaum Platz zum Stehen hatte.

Es ist interessant, dass keine von diesen Bäuerinnen, die stundenlang im Eiswasser gestanden hatten, hinterher krank wurde. Und am nächsten Tag erfüllten sie ihr Soll zu hundertzwanzig Prozent.«

71. Wichtige Nachricht

Thema	Der Glaube an den Auferstandenen
Vorlesedauer	ca. 2 Minuten
Hinführung	Ein kleiner Junge in schmutzigen Hosen und zerrissenem Hemd weiß das Wichtigste von seinem Glauben.

Ein gut gekleideter Herr steht vor dem Schaufenster einer Kunsthandlung und betrachtet aufmerksam ein großes Kreuzigungsgemälde.

Während er dort steht und schaut, stellt sich neben ihn ein kleiner Junge mit schmutzigen Hosen und einem zerrissenen Hemd. Der Mann zeigt auf das Bild und fragt den Jungen: »Weißt du, wer das ist, der da am Kreuz hängt?«

»Das ist Jesus«, kam die schnelle Antwort.

Dann, nach einer Pause, fügte er hinzu: »Die Soldaten, das sind Römer, die Frau, die unter dem Kreuz weint, ist Maria, seine Mutter. Die vornehmen Herren sind die Pharisäer und Schriftgelehrten, und die Menge im Hintergrund ist das schaulustige Volk!«

Nach einem langen Schweigen fährt der Junge fort: »Sie haben Jesus gekreuzigt. Er ist für alle Menschen auf dem Hügel Golgota gestorben.«

So stehen sie vor dem Bild und lassen es auf sich wirken. Schließlich streicht der Mann dem Jungen über den Kopf, bedankt sich und geht weiter.

Als er schon in der Menge verschwunden ist, hört er plötzlich den Jungen hinter sich herrufen: »Hallo, Herr!«

Der Mann wendet sich um und wartet auf den Jungen. Noch außer Atem ruft der Junge dem Mann zu:

»Er ist wieder auferstanden. Jesus ist auferstanden und lebt. Das wollte ich Ihnen noch sagen!«

72. Alles geht gut aus

Thema	Auferstehungsglaube
Vorlesedauer	ca. 1½ Minuten
Hinführung	Ein achtjähriger Junge bringt seine Sehnsucht auf den Punkt.

Es war einige Tage vor den Osterferien. Ich war gerade mit der langen Erzählreise über Abendmahlsaal, Ölberg und Golgota bis zur Auferstehung zu Ende gekommen.

Da hab ich an den Seppl in der dritten Bank die gewichtige Frage gestellt, was ihm denn an der Erzählung von Jesus am besten gefallen habe.

Der Achtjährige, auf einem einsamen Hof eine Stunde hangeinwärts zu Hause, gab strahlend die Antwort: »Dass alles so gut ausgeht!«

Die Antwort zwang mir ein Lächeln ab: »Dass alles so gut ausgeht!«

Wie unbekümmert ein Kind seine Sehnsucht auf den Punkt bringen kann! Es nützt mir letztlich doch nichts, wenn mir ein berühmter Philosoph auf die Schulter klopft und klarmacht, dass Sinnlosigkeit zum Leben gehört oder ich mit einer raffinierten Versenkungsmethode aus der Wirklichkeit fliehe und in ein Nirwana entschwebe.

Es hilft mir nur der Auferstandene, weil er nicht von unserer Seite der Ohnmacht kommt. Er ist der Einzige, dem ich abnehme, dass – trotz allem – alles gut ausgeht.

Nach Reinhold Stecher

73. Krischans Kreuz

Thema   Kreuz – Auferstehung
Vorlesedauer ca. 4 Minuten
Alter   Grundschule
Hinführung   Was würdest du aus einem Klumpen Ton formen, das an
             Ostern erinnert?
             Wir hören dazu eine Geschichte mit einem überraschen-
             den Ergebnis:

Es hat lange gedauert, fast eine ganze Schulstunde lang. Aber jetzt ist das Kreuz fertig. Schön ist es geworden, findet Krischan, als er es abschließend noch einmal genau betrachtet. Er hat sich aber auch alle Mühe gegeben, damit es wirklich gerade und nicht schief und buckelig wird. Immer wieder hatte er behutsam mit dem angefeuchteten Finger an den Seiten und Oberflächen der Balken entlanggestrichen, um alle Unebenheiten auszugleichen. Wenn der Ton später getrocknet und gebrannt ist, will er es Mama und Papa schenken, das nimmt er sich schon jetzt ganz fest vor. Bis zum Ferienbeginn wird es so weit sein. Dann können es die Eltern pünktlich zu Ostern in der Wohnung aufhängen. Vielleicht in der Diele oder im Wohnzimmer …

»Ostern« – das ist das Thema der Töpferarbeit an diesem Vormittag. Alle Jungen und Mädchen hatten zu Beginn der Stunde einen Klumpen braunen Ton von Herrn Heimann bekommen.

»Macht daraus irgendetwas, das mit Ostern zu tun hat«, hatte der Lehrer die Kinder aufgefordert. »Kleine Eier zum Beispiel, Blüten, Hasen oder ein Körbchen – lasst euch mal selber etwas einfallen!«

Da hatten die Kinder mit ihrer Arbeit begonnen. Alles, was der Lehrer vorgeschlagen hatte, ist inzwischen unter ihren fleißigen Händen entstanden: zierliche Körbchen, mit und ohne Henkel, Blüten aus mehreren zusammengefügten Tonscheiben und unzählige Eier in verschiedenen Größen. Manche Kinder mussten ihr Ei, wenn es ziemlich groß geraten war, sogar ein wenig aushöhlen, damit es später beim Brennen nicht platzt. Auch Hasen sind auf manchen Tischen zu sehen, mal hockend, mal liegend, mal aufrecht stehend – je nachdem, wie geschickt sich der kleine Künstler angestellt hat. Einige Kinder haben sogar gleich mehrere hübsche Sachen geformt.

Krischan ist der Einzige, der keinen Hasen gemacht hat. Auch keine Blüten, kein Körbchen und kein Ei. Er hat nur das Kreuz vor sich liegen, nichts sonst.

Sein Freund Jan hatte ihn während der Stunde mal angestoßen und gesagt: »Du machst ja bloß'n Kreuz – kannst du denn keinen Hasen?«

Da hat Krischan geantwortet, ein Kreuz sei viel wichtiger als ein Hase.

Darauf wusste Jan keine Antwort. Er zuckte nur mit den Schultern und arbeitete weiter.

Als jetzt der Lehrer einen letzten langsamen Rundgang durch die Klasse macht, um die Werke seiner Schüler eingehend zu betrachten, bleibt er neben dem Tisch von Krischan stehen.

»Das Kreuz ist dir wirklich gut gelungen, Krischan. Es ist sehr sauber gearbeitet«, lobt er den Jungen. »Aber sag – hätte es nicht viel besser zum Thema ›Karfreitag‹ als zu ›Ostern‹ gepasst?«

Doch Krischan schüttelt überzeugt den Kopf und blickt zu Herrn Heimann auf. »Nein – das ist doch das leere Kreuz – das, wo Jesus nicht mehr dranhängt, weil er doch auferstanden ist!«

Erstaunt wandert der Blick des Lehrers wieder hinunter zu dem schlichten Kreuz, das da vor Krischan auf dem Holzbrett liegt. Einen Moment lang betrachtet er es nachdenklich. Dann legt er seine Hand auf die schmale Schulter des Jungen und sagt mit fester Stimme:

»Du hast recht, Krischan. Jetzt sehe ich es auch – es ist tatsächlich das Osterkreuz.«

Angelika Blum

(Vgl. Nr. 53: Jonathans Ei)

Wer glaubt, hat weniger Angst vor dem Tod

. . . .

74. Das Bild vom Tod

Thema   Tod – Auferstehung
Vorlesedauer ca. 30 Sekunden
Hinführung Wie würdest du den Tod malen?

Vom berühmten Erzbischof von Mailand, dem heiligen Karl Borromäus, wird berichtet, er habe einst einem Künstler den Auftrag gegeben, ein Bild des Todes zu malen.

Nach einiger Zeit übergab ihm der Maler eine Skizze. Er hatte den Tod dargestellt als Knochenskelett mit der Sense in der Hand.

Aber damit war der Bischof nicht einverstanden. »So sollst du den Tod nicht malen«, erklärte er bestimmt, »stelle ihn dar als einen Engel mit einem goldenen Schlüssel in der Hand.«

75. Altes neu

Thema   Tod – Auferstehung
Vorlesedauer ca. 30 Sekunden
Hinführung Der Grabstein sagt etwas über den Glauben dessen aus, der ihn gestalten lässt.

Der amerikanische Politiker Benjamin Franklin, der in seiner Jugend Buchdrucker war, bestimmte selbst folgende Inschrift für seinen Grabstein:

Hier liegt der Leib Benjamin Franklins, eines Buchdruckers, gleich dem Deckel eines alten Buches, aus dem der Inhalt herausgenommen und der seiner Inschrift und Vergoldung beraubt ist; doch wird das Werk selber nicht verloren sein, sondern, wie er glaubt, einst erscheinen in einer neuen, schöneren Ausgabe, durchgesehen und verbessert von dem Verfasser!

Axel Kühner

76. Mein Koffer ist gepackt

Thema	Auferstehungsglaube
Vorlesedauer	ca. 2 Minuten
Hinführung	Wer glaubt, hat keine Angst vor dem Tod. Wir hören ein Beispiel:

Als Papst Johannes XXIII. unheilbar krank war, suchten die Ärzte dies zunächst vor ihm geheim zu halten. Sie bemühten sich aus Zartgefühl, ihn zu täuschen: Es handle sich um eine Magenentzündung. Doch er widersprach: »Mein Koffer ist gepackt!«

Der große italienische Bildhauer Giacomo Manzu erinnert sich an den Tag, an dem es dann zu Ende ging:

An dem letzten Tag des langen Leidens kam Capovilla, der Sekretär des Papstes, an sein Bett. Er küsste die Hand des Kranken und fragte, wie er sich fühle.

»Ich fühle mich jetzt ganz wohl. Ich bin ruhig. Ich bin beim Herrn. Aber ich mache mir auch ein wenig Sorgen.«

»Santo Padre, nicht Sie sollten sich Sorgen machen, sondern wir. Ich habe mit den Ärzten gesprochen …«

»Und was sagen sie?«

»Santo Padre, ich will ganz aufrichtig zu Ihnen sein. Ich will Ihnen sagen, dass dies der Tag des Herrn ist. Heute sollen Sie ins Paradies gerufen werden!«

Auf den Knien liegend, brach der Sekretär in Tränen aus und vergrub sein Gesicht in den Händen. Er fühlte, wie der Papst ihm liebevoll mit der Hand über den Kopf strich, und hörte ihn sagen:

»Da schau doch nur her: Mein Sekretär, sonst so stark und nüchtern, ist ganz aufgelöst. Da er doch seinem Oberen das Schönste sagt, was man

einem Priester Gottes sagen kann: Heute wirst du ins Paradies eingehen!«

Lothar Zenetti

77. Der leere Stuhl

Thema An den auferstandenen Christus glauben

Vorlesedauer ca. 1½ Minuten

Hinführung Wir hören ein Beispiel, wie ein Sterbender ohne Angst in
die andere Welt gehen konnte.

Ein Priester besuchte einen Kranken in seiner Wohnung und bemerkte
einen leeren Stuhl an der Seite des Bettes und fragte, warum der dort
stünde. Der Kranke antwortete: »Ich hatte Jesus eingeladen, auf diesem
Stuhl Platz zu nehmen, und sprach mit ihm, bevor Sie kamen. Jahrelang
fiel es mir schwer zu beten, bis mir ein Freund erklärte, dass Gebet ein
Gespräch mit Jesus sei. Er riet mir, einen leeren Stuhl neben mich zu
stellen und mir vorzustellen, Jesus säße darauf. Ich solle mit Jesus sprechen und seinen Worten zuhören. Seitdem habe ich keine Schwierigkeiten mehr beim Gebet.«

Einige Tage später kam die Tochter des Kranken zum Priester und gab
ihm die Nachricht, dass ihr Vater gestorben sei. Sie sagte: »Ich ließ ihn
ein paar Stunden lang allein. Er schien so friedlich zu sein. Als ich ins
Zimmer zurückkehrte, war er tot. Etwas Eigentümliches habe ich jedoch
bemerkt: Sein Kopf lag nicht auf dem Bett, sondern auf dem Stuhl neben seinem Bett.«

Anthony de Mello

78. Über die Schwelle tragen

Thema	Auferstehungsglaube
Vorlesedauer	ca. 1 Minute
Hinführung	Im Sterben werden wir wie über eine Schwelle sozusagen nach nebenan getragen. Wir hören, wie eine Mutter es ihrer Tochter klarmacht.

Ein schon größeres Kind fragt seine Mutter: »Wie ist das mit dem Sterben?«

Die Mutter antwortet mit einer Gegenfrage: »Was geschieht, wenn du abends im Sessel einschläfst, aber am Morgen in deinem Bett aufwachst?«

Das Kind antwortet nach einigem Überlegen: »Du hast mich über die Schwelle des Zimmers in mein Bett getragen.«

Da sagt die Mutter: »Das habe ich schon so oft gerne und mit Liebe getan. So ist das auch mit Gott. In seinem Sohn können wir seine Liebe spüren. Er umfängt alle Menschen, wie wir sind. Er trägt uns ›über die Schwelle‹ und nimmt uns zu sich. Die Schwelle, über die er uns trägt, trennt nicht das Diesseits und Jenseits. Aber erst im Jenseits wartet auf uns das, was uns glücklich machen und ganz erfüllen kann.«

Ernst Sieber

79. Ein Gott der Lebenden

Thema	Unser Osterglaube: Wir werden auferstehen
Vorlesedauer	ca. 2½ Minuten
Hinführung	Wir hören, wie ein junger Mann in Afrika verunglückt und wie bewegend – aus seinem Auferstehungsglauben heraus – der Vater Abschied nehmen kann.

Nicholas, der einzige Sohn unseres ältesten Katechisten, hatte eben das Abitur bestanden. Er war in die Hauptstadt gefahren, um sich nach einer Arbeit umzusehen. Noch am gleichen Abend erreichte uns die Nachricht von seinem Tod.

Spät in der Nacht wurde sein Sarg in unserer Kirche aufgebahrt. Afrikaner drücken ihren Schmerz in vielen Gesten und Schreien aus.

Die Nacht war bewegt. Nicholas war beliebt gewesen. In wenigen Stunden hatte sich unsere Kirche am Ufer des Viktoriasees mit jungen Menschen gefüllt. Hunderte kamen, um zu trauern. Ihr Schmerz erfüllte das Gotteshaus mit Klagen und Schreien.

Plötzlich trat ein alter Mann vor den Sarg: Nicholas' Vater. Inmitten der plötzlich schweigenden Menge vieler Jugendlicher begann er zu sprechen. Es war ein Gebet, das allen zur ergreifenden Predigt wurde. Ich kann mich nicht mehr an alle Worte erinnern. Er sprach von Dankbarkeit, von der Freude darüber, dass Nicholas da war. Unter uns lebte. Freude machte.

»Nicholas wird immer da sein«, so betete der alte Mann in die nächtliche Stille, »wenn er in unseren Gedanken und in unseren Herzen weiterlebt. Und er lebt, wenn wir darum wissen, dass er bei Gott ist. Deshalb wollen wir heute nicht klagen, sondern dankbar sein.«

Die Worte des alten Katechisten berührten uns alle. Ich werde nie das Ende jener Nacht vergessen, die ich mit so vielen jungen Menschen durchwachte, die plötzlich zusammen mit dem Alten – vor dem Sarg niedergekniet waren, um zu beten.

Spät am Morgen haben wir Nicholas vor dem Haus seiner Eltern beerdigt. Mit viel Lärm, mit den rituellen Tänzen seiner Freunde, mit den Gesängen und Gebeten der Kirche.

Aber Abschied genommen hatten wir bereits vorher. Abschied von einem Lebenden.

80. Morgen in Jerusalem

Thema	Auferstehungsglaube
Vorlesedauer	ca. 1 Minute
Hinführung	Wir hören von einer jungen Frau, wie stark sie Abschied nehmen kann von dieser Welt.

Eine junge Frau, Mutter von vier kleinen Kindern, hatte in Jerusalem studiert und dort auch ihren Mann kennengelernt. Sie war unheilbar an Krebs erkrankt, abgemagert und haarlos von der Chemotherapie. Sie war schon vom Tod gezeichnet, aber vor allem war sie von einer unbändigen Auferstehungshoffnung bewegt.

Die frommen Juden sagen nach einer Jerusalem-Wallfahrt zum Abschied: »Bis nächstes Jahr in Jerusalem!«

Jerusalem, das himmlische Jerusalem, ist für uns Christen ein Symbol für die endgültige Geborgenheit in Gott. Und diese junge Frau sagte als Letztes, für alle Anwesenden vernehmbar: »Bis morgen in Jerusalem!«

Ulrich Lüke

81. Das Beispiel, das ausstrahlte

Thema	Osterglaube
Vorlesedauer	ca. 1 Minute
Hinführung	Der Glaube an ein Weiterleben nach dem Tod nimmt die Angst.

Eine russische Nonne wurde während des Zweiten Weltkrieges von den Nazis in ein Vernichtungslager verschleppt.

Eines Tages musste sie mit anderen zum Appell antreten. Es wurde ausgelost, welche Frauen in die Gaskammer sollten. Eine junge Frau schrie vor Verzweiflung, als das Los auf sie fiel. Bis zu diesem Augenblick hatte sie gehofft, irgendwie doch zu überleben und die Freiheit wiederzuerlangen.

Die Ordensfrau ging zu ihr und sagte: »Weine nicht! Das letzte Wort hat nicht der Tod, sondern das Leben. Ich bin ganz sicher. So sicher, dass ich mit dir in die Gaskammer gehe.«

Und sie begleitete die junge Frau in die Todeskammer.

Augenzeugen berichteten, dass sich die Atmosphäre schlagartig geändert habe, weil ein Mensch bereit war, aus freien Stücken und ohne Furcht sein Leben hinzugeben – um zu bezeugen, dass er an das Leben glaubte und nicht an den Tod – an die Liebe und nicht an die Selbstverhaltung.

82. Ich glaube

Thema	Auferstehungsglaube
Vorlesedauer	ca. 1 Minute
Hinführung	Im Krieg, auch im »Krieg« auf den Straßen, kommen immer wieder junge Menschen zu Tode. Wie geht eine Mutter damit um? Wir hören ein Beispiel.

Es war in den letzten Kriegswochen. Eine Mutter stand auf dem Bahnsteig einer deutschen Kleinstadt. Ihr einziger Sohn musste wieder an die Front. Sie machte ihm das Kreuzzeichen auf die Stirn. Mit tränenerstickter Stimme sagte sie: »Gott schütze dich! Pass gut auf dich auf, dass dir nichts passiert!«

In der Osterwoche bekam sie die Nachricht, dass ihr Sohn gefallen sei. Ein sehr hartes Schicksal für eine alleinstehende Frau und Mutter; aber damals und heute noch ist es das bittere Los ungezählter Frauen und Mütter.

Doch was jene Frau damals nach der bestürzenden Nachricht tat, sollte nicht unerwähnt bleiben. Sie nahm das letzte Foto ihres einzigen Sohnes, legte die schönsten Osterblumen dazu und schrieb unter das Bild: »Ich glaube an die Auferstehung und das Leben!«

83. Gespräch mit der sehr alten Tante Emmy

Thema	Glaube an das Weiterleben
Vorlesedauer	ca. 4½ Minuten
Hinführung	Ältere Menschen denken mehr über den nahenden Tod nach. Wir hören dazu ein Gespräch.

»Hast du manchmal Angst vor dem Sterben, Tante Emmy?«

»Ich habe Angst, alleine zu sterben, und etwas Angst, zu sehr zu leiden. Ich möchte gerne, dass jemand mir die Hand hält, wie du jetzt, bis ich auf die andere Seite gekommen bin. Man soll mich hier sterben lassen, ich bin schon so alt. Ich möchte nicht weggebracht werden, ich möchte nicht ins Krankenhaus, damit mein Leben verlängert wird. Verstehst du das? Ich bin am Ende eines langen, schweren und schönen Lebens. Wenn ich sterben muss, will ich es ohne Apparate tun. Ich bin alt und habe gelebt. Man soll mich einschlafen lassen, hoffentlich ohne Kampf. Helft mir, bleibt bei mir und habt mich lieb. Ich will spüren, dass ihr bei mir seid.«

»Gehst du danach zu Gott?«

»Ich glaube, ja.«

»Sofort oder etwas später?«

»Ich weiß es nicht. Sicher braucht es Zeit, um von hier fortzugehen. Aber ich glaube an ein Leben nach diesem Leben. Ich werde bei Gott aufgehoben sein. Ich gehe nicht verloren.«

»Glauben das alle Menschen?«

»Nein.«

»Und was glauben die dann?«

»Es gibt viele Vorstellungen. In Indien glaubt man, dass die Seele immer wieder in einem neuen Menschen auf die Erde kommt, um ein besserer Mensch zu werden.«

»Und wenn er nicht besser wird?«

»Dann muss er es wieder versuchen, immer wieder versuchen. – Die Muslime glauben auch an ein Leben nach dem Tod bei Gott. Viele Menschen wissen nicht, an was sie glauben sollen, für sie ist das Leben mit dem Tod zu Ende. Sie meinen, dass sie vielleicht noch in der Erinnerung der Menschen leben, die sie kannten, danach aber gibt es nichts.«

»Ist das falsch?«

»Das finden sie für sich richtig, wie das, was ich glaube, für mich richtig ist.«

»Und für mich?«

»Du wirst finden, was für dich das Richtige ist.«

»Hast du dir das ausgedacht?«

»Nein, Christus, der Sohn Gottes, hat es damals den Menschen gesagt. Gott hat niemand gesehen; Christus aber haben die Menschen gesehen, angerührt, umarmt, sie haben mit ihm gegessen und gefeiert.«

»Wie merkst du, dass es Gott gibt?«

»An Dingen, die in meinem Leben geschehen sind und immer noch geschehen, am ›Sichtbarwerden Gottes‹«

»Wo siehst du das, Tante Emmy?«

»Schau dich um: die Sonne, die Nacht, die Blumen, der Regen, die Tiere, Kinder, Menschen überhaupt, Berge, Meer, Wasser, Wind, Bäume, Winter, Sommer, Mond und Schnee. Dass du mit mir sprichst, dass ich manchmal getröstet werde, dass Hilfe kommt, wenn ich es gar nicht erwarte, das Wachsen, das Sterben …«

»Aber Tante Emmy, es geht doch immer alles kaputt, die Blumen, der Mensch, die Tiere, die Bäume und das Leben überall.«

»Aber die Sonne geht jeden Tag wieder auf.«

»Aber der Regen kann doch alles kaputtmachen …«

»Oder ganz neu. Denk, wie schön es nach einem erschreckenden Gewitter ist. Wie die Dächer glänzen, wie die Bäume leuchten, wie die Straßen ohne Staub sind. Fändest du es gut, wenn die Blumen immer weiterblühten und nicht verwelkten? Du würdest nie mehr einen neuen Strauß pflücken. Aber wenn er verwelkt, denkst du an einen neuen Strauß, der ganz anders aussehen wird.

Die Welt ist immer in Bewegung, Gott sei Dank. Es geht alles weiter, von der Geburt an. Ich war einmal so jung wie du, dann erwachsen, dann älter, alt und jetzt uralt. Jedes Ding, jedes Lebewesen hat seine Zeit.«

Antoinette Becker

84. Großmutters letzter Brief

Thema	Auferstehungsglaube
Vorlesedauer	ca. 3 Minuten
Hinführung	Eine sehr kranke Großmutter schreibt ihrer Enkelin einen letzten Brief. Darin steht, was sie nach dem Tod erwartet.

Liebe Sarah, bei deinem letzten Besuch war ich sehr krank und schwach. Ängstlich hast du mich betrachtet und gefragt: »Oma, wirst du bald wieder gesund?«

Ich will dir ehrlich sagen, dass ich diese Welt bald verlassen muss. Ich gehe nicht gerne, weil ich dich und deine Eltern sehr lieb habe. Und wer geht schon gerne weg von Menschen, die einem so sehr ans Herz gewachsen sind. Aber der liebe Gott ruft mich und ich gehe zu ihm. Ich hoffe, dort viele Menschen wieder zu treffen, die mir in meinem Leben etwas bedeutet haben.

Nur der Übergang von diesem Leben in ein anderes fällt uns Menschen schwer und macht uns bange und beklommen. Denn alles Neue, Ungewisse ist mit vielen Fragen und Ängsten verbunden.

Nun wirst du sagen: Warum musst du denn gehen? Ich will versuchen, es dir zu erklären:

Als du noch im Bauch deiner Mutter warst, ging es dir sehr gut. Es war warm und gemütlich. Du hattest zu essen und zu trinken, wurdest geschaukelt und gewiegt und fühltest dich herrlich geborgen. Aber dein Aufenthalt dort war nur für eine begrenzte Zeit möglich. Durch einen engen, dunklen Geburtskanal musstest du in eine andere Welt wechseln. Ob dir dort Ungemach und Kälte, Angst und Schmerzen drohen würden oder ob dort jemand dich lieb haben und behüten würde, das wusstest du nicht.

Und als der Tag der Geburt kam, die Wehen dich unaufhaltsam hinaustrieben aus deiner Geborgenheit, da hast du dich gefürchtet und bist mit einem Schrei in diese neue Welt gekommen.

Nun also bin ich auf dem Weg, dem Weg in eine andere Welt. Sicher werde ich mich in der Dunkelheit des Todes fürchten; aber ich glaube fest, dass mich auf der anderen Seite – genau wie dich – viel Liebe und wärmendes Licht erwarten.

Ich wünsche dir von Herzen alles Gute und bitte dich: Fürchte dich nicht in dieser Welt. Hab Mut und Vertrauen und zweifle nicht daran, dass nach diesem Leben nicht alles zu Ende sein wird, sondern eine neue schöne Zeit auf uns wartet.

Gott schütze dich.

In Liebe deine Großmutter

Ursula Berg

85. Das Bild mit den vielen Kerzen

Thema	Der Glaube nimmt die Angst vor dem Tod
Vorlesedauer	ca. 2½ Minuten
Alter	Grundschule
Hinführung	Martina malt der schwer kranken Oma ein Bild mit vielen Kerzen, nachdem sie ein Gespräch über den Tod geführt haben. Sie erklärt es ihr auch.

Martinas Oma war sehr krank. Sie musste immer im Bett liegen und konnte kaum noch etwas essen. Wenn sie sprach, klang ihre Stimme ganz leise. Von ihren Eltern wusste Martina, dass die Oma nicht mehr lange zu leben hatte.

Einmal saß Martina bei ihrer Oma am Bett. Die Oma merkte, dass Martina traurig war.

Sie sagte zu Martina: »Deine Eltern haben dir bestimmt gesagt, dass ich bald sterben werde. Sei nicht allzu traurig darüber, Martina. Ich habe keine Angst vor dem Sterben. Ich glaube ganz fest daran, dass ich dann bei Gott bin. Mir ist klar, dass ich nicht mehr lange zu leben habe. Ich komme mir jetzt vor wie eine Kerze, die schon fast ganz abgebrannt ist.«

In den nächsten Tagen musste Martina immer darüber nachdenken, was die Oma gesagt hatte. Dann kam ihr eine Idee: Sie wollte für die Oma ein

Bild malen, ein ganz besonderes Bild. Sie brauchte mehrere Stunden dafür. Dann zeigte sie das Bild ihrer Oma.

Während die Oma das Bild betrachtete, sagte Martina: »Soll ich dir alles erklären, Oma?« Die Oma nickte.

»Siehst du hier am Anfang der Straße die große Kerze? Das bist du, Oma, als du noch jung warst. Dann, etwas weiter, eine kleinere Kerze. Und hier eine ganz kleine Kerze. Sie ist so klein, weil du ja bald sterben musst.«

Martina wischte sich ein paar Tränen aus dem Gesicht.

»Da in der Ecke«, sagte sie und zeigte auf das Bild, »da wo die vielen Kerzen sind, das ist der Himmel. Jede Kerze ist einer, der gestorben ist. Und zusammen leuchten sie ganz hell.«

Da sagte die Oma und sie lächelte sogar dabei: »Wenn es im Himmel nur halb so schön ist wie auf deinem Bild, dann brauche ich mir gar keine Sorgen mehr zu machen. Danke, Martina, für das wunderschöne Bild.«

Zwei Tage später ist Martinas Oma gestorben. Das Bild hängt jetzt in Martinas Zimmer. Oft denkt Martina an ihre Oma zurück. Dann guckt sie auf das Bild mit den vielen leuchtenden Kerzen.

Und manchmal sagt sie dabei: »Eine von den Kerzen, das bist du, Oma.«

86. Friede seiner Asche

Thema	Sind wir am Ende nur Asche und Staub?
Vorlesedauer	ca. 4 Minuten
Hinführung	Ein zunächst unangenehmer Taxifahrer erzählt Dinge von seiner Tante, die staunen lassen.

Es regnet. Mittlerweile ist es dunkel geworden und sie steht auf dem Gehweg und wartet auf das nächste Taxi. Sie ist traurig. Früher, da wäre er mit seinem BMW vorgefahren, hätte die Tür geöffnet und sie wäre zu ihm ins Auto gestiegen. Sie hätten sich geküsst und er hätte gesagt: »Schatz, du siehst heute wieder wunderbar aus!« Er – das war Dr. Müller-Abendroth. Angesehener Chefarzt für Gefäßchirurgie. Als sie heirateten, nahm er ihren Nachnamen an. Aus Dr. Müller wurde Dr. Müller-Abendroth. Sie war jetzt ein Teil von ihm – unendlich viel wert. Eine Frau von Welt.

Sie kämpft gegen die Tränen an. Jetzt war alles vorbei. Er hatte sie verlassen – wegen einer Jüngeren.

Das Taxi hält und sie rutscht auf die Rückbank. Im Hintergrund läuft Musik. »Akazienallee 1«, sagt sie leise und merkt, wie ihr die Tränen über das Gesicht rollen.

»Ist das nicht die Adresse von dem Doktor? Dem Chirurgen!!! Wie heißt der noch gleich?«, fragt der Taxifahrer.

»Dr. Müller-Abendroth«.

»Ola, das ist doch ein dicker Fisch. Und jetzt tummelt er sich in anderen Gewässern? Ist wohl durchgebrannt mit einer Jüngeren? Hm? Es ist immer dasselbe«.

Der Typ geht mir auf die Nerven, denkt sie. Warum musste ich ausgerechnet in dieses Taxi steigen? Er dreht die Musik einen Tick lauter.

»Dust in the wind«, sagt er –

»Asche, Staub. Nichts sind wir, Lady. Warum lassen Sie sich von so einem Aschehaufen das Leben kaputt machen? Über Ihrem Dr. Müller-Abendroth klappt irgendwann der Sargdeckel zu. Und dann? Ist doch völlig belanglos, was der treibt! Wenn er mit einer anderen ein bisschen Spaß hat. Es gibt Schlimmeres!«

Sie blickt ihn erstaunt an.

»Wissen Sie was?«, sagt er, »ich hatte als Kind eine Tante. Tante Margareta hieß die. Die wusste, worauf es im Leben ankam. Zugegeben, die Tante war ein bisschen abgedreht – ging irgendwann als Missionarin nach Indien. Mein Vater konnte die nicht ab.

Eines Tages kam sie zu Besuch. Es gab Kalbsbraten – plötzlich entdeckte mein Vater den Ehering an ihrem Finger. Ich wusste, was er dachte: Endlich hat die Tante Vernunft angenommen. ›Wer ist denn der Glückliche?‹, fragte er in die Runde.

›Jesus! Ich bin eine stolze Braut Christi!‹

Vater starrte sie fassungslos an. – Ich habe Tante Margareta bewundert. Die hat sich von keinem reinreden, demütigen oder fertig machen lassen. Die war völlig unabhängig von der Meinung anderer, weil eben dieser Jesus in ihrem Leben das Sagen hatte.

›Dust in the wind‹, warum sich das Leben kaputt machen lassen von jemandem, der sich am Ende in Luft auflöst? Lieber auf den setzen, der wie Phönix aus der Asche stieg – der tot war und wieder lebendig wurde, zum Himmel auffuhr und auch weiterhin das Sagen hat – ich meine Jesus Christus«.

Das Taxi bremst. »Akazienallee. Macht 15.50 €. Das Beratungsgespräch war kostenlos.«

»Danke«, sagt sie und zahlt. Sie öffnet die Tür, steigt aus.

Dann dreht sie sich um, beugt sich nochmals in das Taxi und sagt: »Apropos Dr. Müller-Abendroth – Friede seiner Asche.«

Es hat aufgehört zu regnen.

87. Die Trauer verwandeln

Thema	Wie mit der Trauer umgehen?
Vorlesedauer	ca. 3½ Minuten
Hinführung	Aus dem Glauben an die Auferstehung kann neues Leben wachsen. Wir lauschen einem Gespräch!

Ein junger Mensch kam zu einem älteren, der vor einiger Zeit einen lieben Angehörigen verloren hatte. Er fragte ihn: »Wie kamst du mit deiner Trauer zurecht?«

Der Ältere antwortet lange nicht.

Dann sagte er: »Ich will dir eine meiner Erfahrungen mitteilen. Nimm da den Korb mit den schmutzigen Steinen und geh hinten zu dem Brunnen, um Wasser zu schöpfen.«

Der junge Mensch kam unwillig zurück und sagte: »Warum soll ich das tun? Es ist doch sinnlos, mit einem Korb Wasser zu schöpfen, dazu noch mit schmutzigen Steinen gefüllt.«

Doch der Ältere gab zur Antwort: »Tu, was ich dir sage. Der Gang wird deine Muskeln stärken, das Gewicht wird irgendwann leichter werden. Geh noch einmal!«

Der junge Mensch tat es, kehrte aber nach einiger Zeit erzürnt zurück und sagte: »Eine sinnlose Arbeit!«

»Schau in den Korb!«, sagte der Ältere, »siehst du, was mit den Steinen geschehen ist? Sind sie nicht schon fast sauber geworden?«

Der junge Mensch verfiel ins Nachdenken und gab ihm schließlich Recht: »Es stimmt. Das Wasser könnten die Tränen sein, die abspülen, was im Moment des Todes alles so schmutzig und schwierig erscheinen lässt.«

»Ja«, sagte der Ältere, »so wirkt die Trauer: Sie ist zunächst eine schwere Arbeit, manchmal sogar Schwerstarbeit. Und sie erscheint sinnlos. Aber sie kann immer wieder zur Quelle führen und stärkt unsere Kräfte. Nur indem wir uns der Trauer stellen, ihre Schwere wahrnehmen und durchtragen, merken wir, dass sie im Laufe der Zeit leichter wird. Wir erkennen, wenn wir in Bewegung bleiben, wie die Kräfte wieder wachsen, die Dinge des Alltags selbst und allein zu tun, die früher der/die andere getan hat. Das Belastende bleibt, aber die Last ist nicht mehr so schwer wie vorher, weil wir langsam wieder Kraftquellen finden.«

Der Ältere hielt inne und dachte nach.

Dann sagte er lächelnd: »Es ist auch wie der Gang zum Grab. Wir holen Wasser für die Blumen, die wir dem Verstorbenen mitgebracht haben. Die Blumen brauchen das Wasser, um aufzublühen und ihre Blüten lange zu erhalten. Der Tod ist zwar etwas Endgültiges und trennt uns voneinander, aber warum sollen uns nicht die Blumen des Glaubens aufblühen?

Wir Christen glauben, dass dem Verstorbenen neues, ewiges Leben geschenkt wird, also ihm neues Leben bei Christus erblüht. Warum sollen in diesem Glauben nicht auch uns, die wir zurückbleiben, neue Knospen sprießen, die uns Hoffnung und Zuversicht schenken?«

Werner Gutheil

88. Das Regensburger Schmetterlingsreliquiar

Thema   Der Auferstehungsglaube

Vorlesedauer ca. 1 Minute

Hinführung In einem alten Kreuz gibt es ein Geheimfach – wie die
            Restauratoren feststellen.

Groß war das Erstaunen, als Fachleute in Regensburg darangingen, ein etwa siebenhundert Jahre altes Kreuz zu restaurieren. Als sie nämlich den Kopf der Christusfigur näher betrachteten, stellten sie fest, dass auf der Rückseite ein Geheimfach war.

Sie öffneten es und fanden etwas sehr Wertvolles: Einen bunten, glänzenden Schmetterling aus vergoldetem Silber, das von einer farbigen Emaille überzogen war.

Die österliche Hoffnung auf die Auferstehung, auf die Verwandlung des Menschen im Tod – hin zum Leben bei Gott –, hatte im Symbol aus der Natur eine gültige Antwort gefunden!

89. Das Kirchenfenster aus weggeworfenen Glasresten

Thema   Kann aus Scherben etwas Gutes entstehen?

Vorlesedauer ca. 2 Minuten

Hinführung Alle staunen über ein Fenster der neuen Kathedrale mit
            einzigartiger Leuchtkraft.

Vor langer, langer Zeit, als die große Kathedrale gebaut wurde, kam ein unbekannter Handwerker zum Meister der Bauhütte und fragte, ob er seine Handwerkskunst einsetzen dürfe. Steinmetze hätten sie genug, sagte der Baumeister und wollte den Fremden abweisen. Er wolle doch keine Steine behauen, sagte der Fremde, sondern er bitte um die Erlaubnis, eines der bunten Glasfenster gestalten zu dürfen. Wenn es sein müsse, zur Probe, sogar ohne Bezahlung.

Da willigte der Baumeister ein, auch wenn er vermutete, dass man am Ende das Glas des Fremden wieder werde ausbrechen müssen, um die Arbeit von einem Fachmann ausführen zu lassen.

In den folgenden Wochen kümmerte sich niemand mehr um den fremden Handwerker. Monatelang arbeitete er in einem provisorischen Verschlag, bis sein Fenster fertig war.

Dann kam der Tag, der ans Licht brachte, was so lange im Verborgenen geschaffen worden war: ein Kirchenfenster von unbeschreiblicher Schönheit, mit solch glühenden Farben, wie es niemand je zuvor gesehen hatte, prächtiger als alle anderen Fenster der Kathedrale. So einzigartig war das Fenster in seiner Leuchtkraft, dass Menschen von nah und fern kamen, um es anzuschauen.

»Aber woher hast du all das wunderbare, leuchtende Glas?«, fragte der erstaunte und zugleich begeisterte Baumeister den Handwerker. Und der Fremde sagte: »Ach, ich fand hier und da ein Stück in der Nähe der anderen Werkstätten. Das Fenster ist gemacht aus den Glasresten, die von den anderen als unbrauchbar weggeworfen wurden.«

Norbert Lechleitner

90. Hinabgestiegen in das Reich des Todes

Thema	Auferstehung
Vorlesedauer	ca. 6½ Minuten
Hinführung	Die griechische Sagengestalt Orpheus stieg wie Jesus Christus in die Unterwelt des Todes. Ob es Zusammenhänge gibt?

Wir beten im Glaubensbekenntnis: »Jesus, hinabgestiegen in das Reich des Todes.«

Immer hatten die Menschen die Hoffnung, dass die Liebe stärker sein kann als der Tod. So kennen wir aus der Zeit vor Christus aus der Sagenwelt der Griechen folgende Geschichte:

Der Gott Apollon schenkte dem Musiker Orpheus eine Leier, und die Musen brachten ihm das Spielen in Vollendung bei. Er konnte so schön musizieren und singen, dass sich auch Reinhard Mey in einem seiner ersten Lieder dieser Sage annahm und schrieb: »Ich wollte wie Orpheus singen, dem es einst gelang, Felsen selbst zum Weinen zu bringen durch seinen Gesang. Wilde Tiere scharten sich friedlich um ihn her. Wenn er über die Saiten strich, schwiegen der Wind und das Meer.«

Orpheus heiratete Eurydike, die aber sehr früh stirbt. Da bekommt er die wahnwitzige Idee, selbst in die Unterwelt des Todes hinabzusteigen, um Eurydike zurückzuholen. So stark sind sein Schmerz und seine Liebe. Es gelingt ihm auch, den Fährmann mit seiner Musik anzurühren, ja, selbst Hades kann er erweichen, den unbarmherzigen Wächter über das Reich der Schatten. Er erlaubt ihm seine Frau aus den dunklen Gängen der Unterwelt herauszuholen, aber nur unter einer Bedingung: Er darf nicht zurückblicken, bis sie das Sonnenlicht erreicht haben.

Eurydike folgt dem Spiel der Leier. Aber je länger der Weg wird, umso mehr befallen Orpheus Zweifel, ob sie ihm wirklich aus der Schattenwelt folgt. Er hält schließlich der Versuchung nicht mehr stand: Er dreht sich um und – verliert seine Frau für immer. Die Sage meint: Der Tod bleibt immer stärker als jede menschliche Kunst und Liebe.

Dieses Bild hat ein Kirchenvater aufgegriffen: Klemens von Alexandrien, der in Oberägypten lebte und im Jahr 215 nach Christus gestorben ist. Er sagt: Der wahre Orpheus ist Jesus Christus. Und Eurydike ist seine geliebte Menschheit. Diese gerät in die Mächte des Todes. Da treibt ihn seine Liebe, in das Reich der Toten hinabzusteigen. Er geht unter dem Kreuz seinen Weg, *ohne zurückzuschauen!* Denn er hat schon früh den Menschen zugerufen: »Keiner, der die Hand an den Pflug legt und zurückschaut, taugt für das Reich Gottes!« (Lk 9,62) Christus führt also seine geliebte Menschheit wieder ins Leben.

Und dann spricht der alte Kirchenvater eine großartige Vision aus: Die Kirche ist das Instrument in der Hand des Christus-Orpheus. Sie soll in den nächsten Jahrhunderten die wundervolle Melodie von der Auferstehung *allen* Völkern spielen.

Jetzt zucken vielleicht alle die zusammen, die der Kirche nicht mehr allzu viel zutrauen. Aber wer ist Kirche? Doch wir alle!

Darum gehen wir den Weg der Vision einmal weiter: Was müsste die Kirche denn tun, um ein Lied der Hoffnung, des Lachens und der Auferstehung anzustimmen, das bei allen ankommt? Sie müsste zuerst solidarischer mit den Menschen leben! Wer aktiv in einer Gemeinde steht, weiß, wie viel Ehrenamtlichkeit da noch zusammenkommt …, und wie sich Sammlungen sehen lassen können, in denen sich spürbar an die Seite der Ärmsten der Armen gestellt wird.

Aber es ist mehr gefordert in den Bedrängnissen unserer Zeit: Die Kirche muss zum Sprachrohr der in die Ecke Gedrängten werden, denn in unserer reichen Gesellschaft kann morgen schon jeder überflüssig werden! Wer schlechte Gene hat, wird vielleicht bald ausgesondert, weil die Versicherungen überfordert sind und die anfallenden Rechnungen nicht mehr bezahlen können. Oder Eltern mit behinderten Kindern sehen sich bald dem Vorwurf ausgesetzt: Ihr wart zu feige, sie abzutreiben. Oder: bei der Rentendiskussion erscheinen die Alten immer öfter nur als Ballast, obwohl sie uns den Wohlstand erarbeitet haben. Es wird natürlich kein Zuckerschlecken sein, wenn bald hundert Erwerbstätige sechzig Rentner tragen müssen.

Und die Kirche muss spiritueller werden, wenn sie noch ihr Hoffnungslied in Europa anstimmen will. Die Flucht in den Konsum, in den Genuss, in die Verdrängung bekommt ihre Grenzen aufgezeigt. Es spüren wieder mehr Menschen die Sehnsucht nach Gott und die Verwobenheit mit den Kräften der Schöpfung. Aber diese Entwicklung geht an den Kirchen leider vorbei; sie leeren sich.

Da weist uns Klemens von Alexandrien auf das Plektron hin, das kleine Plättchen, durch das die Saiten der Kirche zum Klingen gebracht werden. Er nennt es den Heiligen Geist, für den die Türen der Kirche wieder weiter geöffnet werden müssen, damit die Menschen in ihr in das Geheimnis der Nähe Gottes eintauchen können. Die Kirche braucht mehr »Sprit«, mehr spiritus, mehr Geist!

Das Kreuz zeigt die beiden Richtungen der Wandlung an: In allem mehr auf Gott vertrauen und eine spürbare Liebe zum Nächsten leben, die in der Gemeinde am Ort anfangen muss. Dann kann der Christus-Orpheus die Eurydike-Menschheit ins Land des Lachens, der Hoffnung und der Auferstehung führen!

91. Im Labyrinth des Lebens

Thema	Auferstehungsglaube
Vorlesedauer	ca. 2 Minuten
Hinführung	Christus wird als der »neue Theseus« bezeichnet, der bekanntlich das menschenfressende Ungeheuer Minotaurus in der Mitte des Labyrinths überwältigt – wie Christus Tod und Teufel besiegte.

Ein Labyrinth spiegelt unser Leben wider mit all seinen Verwinkelungen, Prüfungen, Verzögerungen, unvorhergesehenen Ereignissen. In der Mitte des Labyrinths, so deutete die Antike, lauert der Tod. Erst der halbgöttliche Theseus, so weiß eine alte griechische Sage, überwältigt mit seiner Wunderwaffe das menschenfressende Ungeheuer Minotaurus in der Mitte des Labyrinths (das Labyrinth auf Kreta zählte zu den Weltwundern). Theseus konnte weiterleben, weil die geliebte Königstochter Ariadne ihm ein Wollknäuel mitgegeben hatte, das er beim Eintritt in die Höhlengänge entrollte, und er so den Ausgang wiederfinden konnte (vgl. Gustav Schwab, Die Sagen des klassischen Altertums).

Jesus Christus wird im »christlichen Labyrinth« des Lebens bis ins Mittelalter hinein als der »neue Theseus« bezeichnet, der am Karfreitag in die Todesspirale hinabstieg, um Tod und Teufel zu besiegen. So führte er die dort eingeschlossenen Menschen heraus ans Licht.

Darum gab es in den alten Kirchen bis in die frühe Gotik an der dunkelsten Stelle des Gotteshauses (in der Krypta oder auf dem Fußboden der Oberkirche; in Chartres 200 m lang bei 12 m Durchmesser; meist auf den

Knien »errutscht«) ein Labyrinth, meist aus Mosaik. Oft stand später in der Mitte das Wort ecclesia = Kirche: Seit Jesus in den Todesabgrund stieg, kann die Kirche die Menschen beim Todessturz auffangen.

Nach dem Ostergottesdienst spielte der Bischof von Auxerre dann mit seinen Klerikern im Kirchengebäude Ball, d.h., sie schritten einen rituellen Tanz mit festen Tanzfiguren ab, bei dem sich die Tänzer einen Ball zuwarfen: Zeichen der Freude über Christus, die Sonne, die alle tödliche Finsternis überwunden hat.

92. Ostergnade der Vergebung

Thema	Vergeben können aus der Kraft des Osterglaubens
Vorlesedauer	ca. 3 Minuten
Hinführung	Wir hören eine Geschichte aus vergangener Zeit, die zeigt, was Menschen aus dem Glauben an den auferstandenen Christus alles bewegen können.

Nach der Osternachtsmesse, so wird aus der Zeit der christlichen Machthaber berichtet, wurde vom Kaiser mit dem Licht der Osterkerze noch die große Kerze der Ostergnade entzündet: Solange sie brannte, konnte jeder, der ein todeswürdiges Verbrechen freiwillig gestand, mit seiner Vergebung rechnen. Sagt doch Jesus im Osterevangelium: »Wem ihr die Sünden vergebt, dem sind sie vergeben!« Und beten wir nicht alle: »Vergib uns unsere Schuld, wie auch wir vergeben unseren Schuldigern?« Allerdings durfte die Gesetzesübertretung nicht schon vor Gericht stehen oder erwiesen sein.

Schon kam der lange Zug der Übertreter aus einer Seitentür: Eidbrüchige und Totschläger, Giftmischer und Kindesmörderinnen, Wegelagerer und Falschmünzer. Sie alle legten die rechte Hand an die Kerze, bekannten ihre Schuld und traten dann an den Tisch des Schreibers. Er notierte ihre Namen und gab ihnen den Gnadenbrief mit, der sie zur Wiedergutmachung aufforderte.

Als letzte trat eine Frau an die Kerze, deren Ehegatte sie bereits unter den Gläubigen und Schaulustigen erwartete. In der Hand hielt er eine Schriftrolle, auf der er dem Kaiser mitteilen wollte, dass seine Frau ohne Recht sein Erbarmen anrufe, weil er sie schon ihrer Vergehen überführt habe; sie leugne sie nur immer noch.

Die Menschen starrten auf die Frau im Büßergewand, die ihre Hände an die Kerze legte und stockend in die atemlose Stille sprach: »Ich beschuldige mich des Ehebruchs mit jenen Männern, die mir gefallen haben …« Plötzlich schrie sie: »Diese Gnade steht mir nicht zu!« Und blies die Flamme aus.

Dann sprach sie mit geschlossenen Augen von dem Kind, das sie empfangen hatte, und dem Studenten … Sie schloss: »Meine Schuld ist zu groß!«

Schließlich öffnete sie die Augen. Die Kerze brannte.

Ihr Mann stand neben ihr. Er hatte sie mit seiner Schriftrolle entzündet. Mit strenger Stimme fragte der Kaiser: »Wer bist du und wie wagst du es, meine Gnadenkerze von neuem zu entzünden?« Der antwortete: »Ich bin der Gatte dieser Frau. Mit der Anklageschrift gegen sie holte ich erneut das Licht von der Osterkerze.«

Da verneigte sich der Kaiser und verzieh: »Du hast richtig gehandelt – nach dem Beispiel Jesu Christi!«

93. Die brennende Kerze am Querholz

Thema   Der Glaube an die Auferstehung

Vorlesedauer   ca. 3 Minuten

Hinführung   Wer glaubt, hat keine Angst vor den Mächtigen.
Wir hören ein tolles Beispiel aus Russland.

Zur Zeit der Leibeigenschaft in Russland setzte ein Verwalter den Bauern mit harter Fronarbeit so zu, dass sie ihn mit Gewalt beseitigen wollten. Nur der stille Peter Michejew sprach dagegen: »Ihr begeht eine große Sünde«, rief er in die geheime Versammlung, »wir haben kein

Recht über Leben und Tod. Uns bleibt nur die Geduld. Fängst du zuerst an, Gewalt anzuwenden, dann merkst du, wie das Böse plötzlich in dir sitzt. Ich jedenfalls pflüge das Feld an Ostern, an Christi Auferstehungstag – wie er angeordnet hat. Gott weiß, wessen Sünde das ist!«

Es kam zu keiner Entscheidung, und als am zweiten Ostertag der Befehl kam, das Haferfeld des Gutshofes zu pflügen, widersetzte sich niemand. Nach einem üppigen Festessen ließ sich der Verwalter vom Dorfschulzen, der die Arbeit zu kontrollieren hatte, berichten. »Murren die Bauern?«, wollte er wissen.

»Ja, sie murren«, sagte der Dorfschulze, »sie meinen: Er glaubt nicht an Gott!«

»Das gefällt mir«, lachte der Verwalter, »schimpft das Mistvieh Michejew auch?«

»Nein, mit keinem Wort. Ich habe mich über ihn gewundert!«

Die Miene des Verwalters verfinsterte sich: »Los, erzähle, was hat er angestellt?«

»Es war seltsam«, fuhr der Dorfschulze zögernd fort, »ich hörte ihn schon von ferne Osterpsalmen singen, er kam im Festgewand einher, und eine Wachskerze brannte hell am Querholz und flackerte nicht im Wind – auch nicht, als er den Pflug wendete.«

»Und was hat er gesagt?«

»Er sagte den Bauern, die ihn auslachten, nur: ›Friede auf Erden und den Menschen ein Wohlgefallen‹!«

Da versank der Verwalter in tiefes Brüten. »Besiegt hat er mich«, stöhnte er.

Auf Geheiß seiner Frau ritt er schließlich zu den Bauern hinaus, um sie nach Hause zu schicken. Als er aber am Ende der Häuser absteigen wollte, um das Dorftor zu öffnen, scheute das Pferd, und er fiel mit seinem schweren Körper in den zugespitzten Pfahl des Gatters.

Als die Bauern vom Feld kamen und den Verwalter tot in einer Blutlache fanden, führten sie, zu Tode erschrocken, ihre Pferde heim. Nur Peter Michejew drückte ihm die Augen zu und brachte die Leiche auf seinem Wagen ins Herrenhaus.

Nach Leo Tolstoi

94. Das Lösegeld

Thema	Erlösung
Vorlesedauer	ca. 3½ Minuten
Hinführung	Wir hören eine Geschichte, in der uns klar werden kann, wie der Sohn des Königs, Jesus, alles versucht, die Menschen, uns, »freizukaufen«.

»Gerechtigkeit muss sein«, sagte der König. Der Sohn bewegte sich nicht. »Und Barmherzigkeit muss sein!«, sagte der König.

Der Sohn stand da und schwieg, dann nickte er leicht und verließ die Halle.

Die beiden, die man an diesem Morgen in den Schuldturm geworfen hatte, waren Bürger der Stadt, fast schon Nachbarn des Schlosses. Sie hatten Mitbürger betrogen und sollten nun, wie das Gesetz es befahl, im Turm bleiben, bis der letzte Pfennig Wiedergutmachung bezahlt war.

Vom Urteilsspruch her kannte der Königssohn die Summen, die die beiden Verurteilten schuldeten. Aus seinem privaten Tresor nahm er das Geld und füllte zwei Jutesäcke damit. Dabei steckte er zu den großen Scheinen genügend kleine Münzen, damit die Säckchen Gewicht bekämen.

Sobald es Abend geworden war, ging er zum Turm. Er passte die Runde des Wächters ab, denn er wollte nicht gesehen werden, dann warf er – einmal, zweimal. Er traf jeweils genau durch eine der Fensteröffnungen, die groß genug waren, dass die Gefangenen nicht erstickten, und klein genug, dass selbst ein schmächtiger Mann sich nicht hindurchzwingen konnte.

Auch der Raum hinter dem jeweiligen Fenster war winzig klein. Das einzige Möbelstück, eine schmale Pritsche, stand unmittelbar unter dem Fenster. So kam es, dass die beiden Geldsäckchen den Eingekerkerten genau auf die Brust fielen. Der erste, noch wach vor Sorge, griff nach dem Säckchen und begriff blitzschnell. Sein Herz schlug einen Wirbel vor Freude. Er sprang von seiner Pritsche auf und hätte tanzen mögen. Er wusste, am Morgen würde er sich mit dem Lösegeld des Unbekannten freikaufen können. Wer immer sein Retter war – er würde ihm ewig dankbar sein; ihm allein war es ja zuzuschreiben, dass er neu anfangen durfte.

Vom zweiten Gefangenen sollte eigentlich genau das Gleiche zu erzählen sein, denn dass er bereits aus unruhigem Halbschlaf gerissen war, machte doch wohl keinen großen Unterschied aus.

Doch dieser zweite Gefangene griff, ohne zu begreifen und aufgebracht durch die Störung, nach dem kleinen Geldsack und schleuderte ihn voller Zorn durch die Fensteröffnung in die Nacht draußen zurück. Das Geld, das auch ihm die Freiheit hätte bringen können, schlug unweit vom Königssohn auf das Pflaster des Vorplatzes auf.

Der Königssohn stand lange wie betäubt da. Gewiss dachte er auch an den, der die Rettung angenommen hatte; viel stärker waren seine Gedanken bei dem anderen, der sie verweigert hatte.

Der Königssohn bückte sich endlich. Mit den Händen ertastete er den kleinen Jutesack, während schon die Schritte des wiederkehrenden Wächters zu hören waren. Voll Trauer schaute der Königssohn nochmals zu dem einen Turmfenster hin.

Ob er, wenn die Wache vorbei war, das Lösegeld ein zweites Mal hineinwerfen würde?

Berthold Lutz

95. Aus Leid zur Herrlichkeit

Thema   Leiden – Auferstehung
Vorlesedauer   ca. 3½ Minuten
Hinführung   Wenn es Gott gibt, muss eines Tages doch auch Gerechtigkeit für alle sein. Und wenn einer hier viel leiden muss, dann hat er im Leben nach dem Tod umso mehr Glück verdient, oder?

Es war einmal eine Frau, die hatte ein einziges Töchterchen, das war sehr klein und blass und anders als andere Kinder. Wenn sie spazieren gingen, dann blieben die Leute oft stehen und sahen dem Kind nach. Wenn dann das kleine Mädchen seine Mutter fragte: »Weshalb sehen die Leute mich so an?«, antwortete sie jedes Mal: »Weil du so ein wunderschönes Kleidchen anhast.« Dann war die Kleine zufrieden.

Nach einiger Zeit wurde die Mutter krank und starb. Der Vater nahm sich nach einem Jahr eine andere Frau; die war schöner, jünger und reicher, aber nicht so gut wie die richtige Mutter. Sie ging auch oft spazieren, aber das kleine Mädchen nahm sie nie mit.

Endlich fasste es sich ein Herz und bat: »Nimm mich doch mit!«

Aber die neue Mutter schlug es rundweg ab und sagte: »Du bist wohl nicht gescheit! Was sollen die Leute denken, wenn ich mich mit dir sehen lasse? Du bist ja ganz bucklig! Bucklige Kinder bleiben immer zu Hause!«

Da wurde das kleine Mädchen ganz still.

Als die Mutter das Haus verlassen hatte, stellte es sich auf einen Stuhl und besah sich im Spiegel. Und tatsächlich, es war bucklig, sehr bucklig. Es setzte sich wieder hin und dachte. »Was mag da nur in meinem Buckel sein?«

Der Winter kam, da wurde das kleine Mädchen immer blasser und schwächer und schließlich starb es.

Als es begraben war, kam ein Engel geflogen und klopfte an das Grab, als sei es eine Tür. Sofort kam das kleine Mädchen aus dem Grab heraus. Der Engel verkündete ihm: »Ich bin gekommen, um dich zu deiner Mutter in den Himmel zu holen!«

Das Mädchen fragte schüchtern: »Können denn auch bucklige Kinder in den Himmel?«

Da berührte der Engel seinen Rücken und sagte: »Gutes Kind, du bist gar nicht mehr bucklig!«

Und richtig, der alte, garstige Buckel fiel ab wie eine große hohle Schale. Was war darin?: Zwei herrliche Flügel. Die spannte es aus, als hätte es schon immer fliegen gekonnt, und flog mit dem Engel durch den blitzenden Sonnenschein. Und im Himmel saß die gute Mutter und schloss es in ihre Arme.

Nach Richard von Volkmann-Leander

Der Glaube an die Auferstehung zeigt Früchte

· · · · · · · · · · ·

96. Die gute Nachricht

Thema	Auferstehung
Vorlesedauer	ca. 40 Sekunden
Hinführung	Von der Kraft der Frohen Botschaft erzählt folgende Geschichte:

Im Gefängnis von Nowosibirsk kam der russische Christ Georgij P. Wiens mit Schwerverbrechern in eine Zelle. Sie wollten von ihm wissen, wen er umgebracht habe.

Als er sagte, dass er wegen seines christlichen Glaubens verhaftet sei, verlangten sie Beweise. In einer Streichholzschachtel hatte er ein Markus-Evangelium verborgen. Das gab er ihnen. Einer lieh ihm seine Pritsche. Als er aufwachte, lassen sie gerade von der Auferstehung Christi im 16. Kapitel. Immer wieder.

Er musste ihnen das Evangelium schenken.

97. Es gibt einen, der zusammenführen kann

Thema	Glaube an Christus
Vorlesedauer	ca. 3 Minuten
Hinführung	Oft sitzen menschliche Gefühle wie Neid und Hass noch viel tiefer als der Glaube. Wir hören von einer wahren Begebenheit (im Palästinenserdorf Ibillin), wo der Glaube schließlich siegt.

Es war an einem Palmsonntag. Endlich war die Kirche einmal vollbesetzt. Der Priester begann seine Predigt: »Am Gottesdienst hier in der Kirche teilzunehmen, macht aus euch noch keine Christen!«

Er schaute in die gleichgültigen oder feindseligen Gesichter der Versammelten. Er kannte die Spannungen in seiner Gemeinde, die sich untereinander stritt und hasste, Klatsch und gehässige Lügen verbreitete.

Dann ging er zum Ausgang, schloss die riesige Doppeltür zu, zog aus seiner Tasche unter dem Messgewand eine dicke Kette hervor, wickelte sie um die Klinken und zurrte sie mit einem Vorhängeschloss zu.

Alle Augen verfolgten sein Tun. »So lange habe ich schon versucht, euch untereinander zu vereinen. Ich habe versagt, bin auch nur ein Mensch. Aber es gibt einen, der euch zusammenführen wird. Sein Name ist Jesus Christus. Ihn lasse ich jetzt wirken. Wenn ihr jetzt einander nicht vergebt, werden wir hier eingeschlossen bleiben. Ihr könnt euch gegenseitig umbringen. (Ich werde eure Beerdigungen gratis besorgen.)«

Quälendes Schweigen. Drei, fünf, zehn Minuten. Plötzlich stand jemand auf. Es war ein tief verbitterter Mann, der in unversöhnlicher Feindschaft mit seinen drei Brüdern lebte. »Es tut mir leid«, stammelte er, »ich bin der Schlechteste von euch allen. Ich habe meine Brüder so gehasst, dass ich sie beim Tod der Mutter nicht ins Haus ließ. Ja, ich wollte sie umbringen. Mehr als jeder von euch brauche ich Vergebung! – Können Sie mir verzeihen, Vater?«

»Kommen Sie her«, entgegnete der Priester, »natürlich vergebe ich Ihnen, und danach gehen Sie und grüßen Sie Ihre Brüder.« Der Priester gab ihm den Friedenskuss.

Auf halbem Wege durch das Kirchenschiff eilten ihm seine Brüder schon entgegen. Sie hielten sich lange umarmt und baten einander um Verzeihung.

Und dann griff es um sich: Im Nu war in der Kirche ein Durcheinander von sich umarmenden und reuigen Menschen ...

Diese Feier der Liebe und der Versöhnung dauert rund eine Stunde.

Schließlich verkündete der Priester laut: »Wir werden nicht bis nächste Woche warten, um die Auferstehung zu feiern. Lasst sie uns jetzt feiern. Wir waren füreinander tot. Nun sind wir wieder zum Leben erwacht!«

Elias Chacour

98. Zu Tisch mit dem Herrn

Thema	Der Glaube macht stark
Vorlesedauer	ca. 5 Minuten
Hinführung	Trotz der Verfolgung hat sich der Glaube an Christus im Geheimen gehalten, ja, ging gestärkt daraus hervor. Wir hören ein Beispiel.

Tief in Russland erlebte ich Ostern wie nie zuvor in meinem Leben. Noch war die Front nicht ins Wanken geraten. Ich lag dort mit meinen Leuten im Quartier.

Eines Abends suchte ich die kleine, unscheinbare Schenke am Dorfrand auf. Als ich eintrat, blieb ich fast betroffen stehen, so sauber und licht schauten mir die weiß getünchten Wände und blanken Tische entgegen. Auch der alte Mann hinter der Theke machte einen guten Eindruck. Jetzt erinnerte ich mich, dass in wenigen Tagen Ostern ist.

Ein Tisch war besonders feierlich geziert mit ein paar künstlichen Osterblumen. Erwartete der Wirt eine Abendgesellschaft? Ich setzte mich nebenan und entdeckte nun ein großes Kreuz, das über jenem Tisch hing, ebenfalls mit Blumen geschmückt.

Der Alte trat zu mir und stellte das bestellte Bier hin. Ich fragte ihn, ob er jemand erwarte. Er sah mich forschend an. »Bist du ein Christ, Herr Offizier?«, fragte er.

Ich lächelte und sagte, dass ich katholisch sei.

Sein Gesicht leuchtet auf. Er sah mich abermals lange an. So, als habe er endlich Zutrauen gefasst, erklärte er: »Jener Tisch bleibt frei, auch wenn keiner kommt, denn er ist nur für den Herrn. Du musst wissen, Väterchen, Jesus Christus ist einmal mit seinen Jüngern bei mir eingekehrt.« Ich antwortete nichts.

»Du glaubst nicht daran, Herr Offizier?«

Als der Alte mein zustimmendes Nicken sah, erzählte er leise: »Das ist nun zehn Jahre her. Damals war die Priesterverfolgung im Gange. Sie flüchteten unerkannt von Ort zu Ort, die meisten wurden aber am Ende doch gefasst. Unseren Pfarrer hatten sie erschossen.

Eines Abends um Ostern herum klopften drei Männer bei mir an und baten um Unterkunft, und ich fragte, was ich bringen dürfe. Der Älteste fragte zögernd, ob ich Weizenbrot im Haus hätte und etwas Wein. Nun, das waren kostbare Dinge damals. Aber ich hätte sie ihnen auch ohne das Geldstück gebracht, das mir einer der Jüngeren ohne Worte hinschob. Ich hatte Vertrauen und Mitleid mit ihnen. Sie waren so abgehetzt. Ich brachte, was sie verlangten, und zog mich hinter die Theke zurück.

Da saßen die drei nun stumm und rührten nichts an. Vielleicht waren sie zu erschöpft, um etwas zu essen.

Plötzlich erschrak ich. Der Ältere in der Mitte neigte sich vor – wurde er etwa ohnmächtig? Nein, tief beugte er sich über den Teller, auf dem das Weizenbrot lag. Er nahm es in seine Hände, brach es und hob still die Augen zum Himmel.

Ich taumelte gegen die Wand; ich erkannte ihn am Brotbrechen. Und ich zitterte, als er sich abermals über das Glas mit rotem Wein neigte.

Ich lief zur Tür und verriegelte sie fest. Dann trat ich zum Tisch und bat unter Tränen, teilhaben zu dürfen an diesem Abendmahl des Herrn.

Die drei hatten es schon empfangen. Es blieb genug für mich und das Dorf.

So holte ich in der Nacht die Leute zusammen und erklärte ihnen, dass ein fliehender Bischof mit zwei neugeweihten Priestern bei uns eingekehrt ist. Es war Ostern, Herr Offizier!

Am anderen Morgen waren sie verschwunden, so jäh und still wie der Herr bei den Emmausjüngern.

Es war das letzte Osterfest, das wir als Christen würdig feiern konnten. Seitdem, Herr Offizier, warte ich auf die Rückkehr des Herrn. Du verstehst. Ich halte einen Tisch reserviert. Vielleicht kehrt der Herr nochmals beim Emmauswirt ein; denn es will Abend werden mit ihm.«

Tränen traten in seine hellen Augen; er wandte sich ab.

99. Sie riskieren ihr Leben dafür

Thema   Alles wagen aus dem Auferstehungsglauben heraus

Vorlesedauer   ca. 2 Minuten

Hinführung   Wir drücken uns schon davor, vor dem Essen im Restaurant zu beten. Wir hören an einem Beispiel aus China, wozu Christen bereit sind, weil sie fest an Christus glauben.

»Wir gehen zur Mauer!«, sagte ein chinesischer Katholik dem fremden Mann, der inkognito als Priester nach China gereist war.

Schnell hatten sie zu ihm Vertrauen gefasst. Mitten in der Nacht wachte er von einem Geräusch auf: Menschen bewegten sich im Haus.

»Komm mit uns«, sagte der Chinese zu dem Mann, der neugierig geworden war, »wir zeigen es dir!«

Sie gingen einige Meilen, dann schlossen sich ihnen zwei andere Gruppen an, bis sie beinahe 120 Personen waren. Sie kamen zu einem Wald. Als sie sich einer Lichtung näherten, stiegen einige Männer ringsum auf die Bäume, um zu wachen.

Auf der Lichtung befand sich eine kleine erhaltene Mauer von einem Gebäude, das zerfallen war. Sie gingen auf die Mauer zu und fielen auf die Knie. Dann erhob sich ein Mann und nahm einen Stein aus der Mauer. Hinter diesem Stein war das Allerheiligste Sakrament in Gestalt einer Hostie aufbewahrt. Sie beteten es eine Stunde lang in stillem Gebet an.

Dann erhob sich derselbe Mann wieder und legte den Stein zurück in die Mauer. Die Männer kletterten von den Bäumen herab. Alle gingen nach Hause.

Auf dem Heimweg erzählten sie dem fremden Mann: Seit zehn Jahren haben wir keine heilige Messe mehr gehabt. Seit dieser Zeit ist die Hostie in dieser Mauer verborgen. Zwei- oder dreimal die Woche gingen sie zur Mauer, mitten in der Nacht, und riskierten ihr Leben dafür, um eine Stunde mit Jesus zu verbringen, ihrem größten Freund, dem auferstandenen Herrn und Meister, der ihnen in einem Stückchen Brot unbegreifbar und doch greifbar nahe ist.

100. Wer an mich glaubt, wird leben!

Thema   Der Glaube an den auferstandenen Christus
Vorlesedauer   ca. 3½ Minuten
Hinführung   Auf einem Schulausflug müssen die Schüler an einem
               Wegkreuz ein Rätsel lösen:

Eine Lehrerin erzählte mir ein Erlebnis, das sie mit ihrer Klasse hatte und das sie sehr bewegt hat.

An einem Wandertag im Osnabrücker Land kamen sie zu einem Feldkreuz, weit vor dem Dorf. Es trug am Fuß eine eiserne Tafel, von Wind und Regen und Frost zerfressen.

Auf der Tafel war gerade noch zu lesen: »Wer an mich glaubt, der wird ...« und dann nur noch ein »l«; alles andere war unkenntlich geworden.

»Wer an mich glaubt, der wird ..., was mag da wohl gestanden haben?«, fragte die Lehrerin ihre Klasse.

Schnell waren die Finger oben. Der beste Sportler aus der Klasse hatte keine Zweifel: »Wer an mich glaubt, der wird laufen.«

Ja, dachte die Lehrerin, wenn dem doch so wäre. Wie oft sind wir träge und beharrend. Wie oft scheuen wir den Aufbruch zu neuen Ufern. Ein Glaubender muss laufen, nicht sitzen! »Lauft bis an die Grenzen der Erde und bringt allen die Frohe Botschaft!«

Ein Kind, von dem die Lehrerin wusste, dass sein Vater schwer krank daniederlag, sagte mit leiser Stimme: »Wer an mich glaubt, der wird leiden.«

»Warum das Leid der Menschen?«, dachte die Lehrerin. Gott ist doch gut. Aber dennoch gibt es Schmerz und Trauer in unserem Leben. Bei Jesus war es nicht anders. Ihr fiel der Text des Propheten Jesaja ein:

»Das ist wahr: Er trug unsere Krankheit und lud unsere Schmerzen sich auf (Jes 53,3)«.

Das war nun einem Jungen, der vor Gesundheit und Lebensmut strotzte, zu viel der Traurigkeit. »Wer an mich glaubt, der wird lachen!«, platzte er heraus. Eigentlich wollte er nur die anderen zum Lachen bringen. Aber, dachte die Lehrerin, hat er eigentlich nicht recht? Lachen kommt von Ostern her. Die Osterbotschaft sagt uns: Wir haben etwas zu lachen, auch im Angesicht offener Gräber. »Ihr aber seht mich, weil ich lebe und weil auch ihr leben werdet« (Joh 14,19), sagt der Auferstandene. Dieser Satz trägt meinen Glauben, wurde der Lehrerin deutlich.

Im Verlauf der kleinen improvisierten Religionsstunde kamen noch viele Antworten. Und die Lehrerin gab schließlich die Auflösung des geheimnisvollen Textes: »Wer an mich glaubt, der wird *leben*.« (Joh 11,25) Die Kinder wanderten weiter und die Lehrerin mit ihnen. Sie war ganz beschwingt und fröhlich. Ja, dachte sie, so ist es: Wer an mich glaubt, der wird leben. Wer an mich glaubt, der wird laufen, leiden und lachen. Er wird das Leben in seiner ganzen Höhe und Tiefe erfahren können. Er wird das Leben neu gewinnen. Wir sind Beschenkte!

Genau das meint Jesus, wenn er sagt: »Ich bin gekommen, damit sie das Leben haben und es in Fülle haben.« (Joh 10,10)

Heinrich Jacob

Quellennachweis

. . . .

(Trotz aller Bemühungen gelang es nicht immer, eine genaue Quelle ausfindig zu machen. Eventuelle Hinweise erbitten wir an den Verlag.)

1 © Siegfried Macht, Bayreuth (aus: Wie Abraham das Lachen lernte. Verlag Junge Gemeinde, Leinfelden-Echterdingen)

3 Aus: Axel Kühner, Zuversicht für jeden Tag, Aussaat-Verlag, Neukirchen-Vluyn, 2. Aufl. 2002, S. 232f (Originaltitel: Ein unsäglicher Schatz)

4 Arabische Fabel

5 Werner Reiser in: ders., Vom Engel, der nicht mitsingen wollte, und andere Geschichten © 2004 Brunnen Verlag, Gießen

6 Nach Paul Jakobi, Damit die Botschaft unser Herz erreicht. Die Evangelien der Sonntage und Hochfeste durch Erzählungen, Gedichte und aktuelle Beispiele erschlossen © Matthias-Grünewald-Verlag, Mainz, 2. Auflage 1996.

7 © Ulrich Lüke

8 Aus China

10 Werner A. Wolf, in: Kölner Kirchenzeitung 43/98, S. 16 © Literarische Agentur Thomas Fröhling, Freiburg

11 © Heribert Haberhausen, Iserlohn

12 Genaue Quelle unbekannt

15 © Josef Quadflieg

16 © Josef Quadflieg

17 Helmut Pätz © beim Autor

18 Aus: H.O. Knackstedt/H.G. Koitz/M. Lorentz, Messfeiern mit Kindern, Hildesheim 1975, S. 77f. © Bernward Mediengesellschaft, Hildesheim

20 © Ilse Ludwig

22 Aus: Michael Hübner/Frieder Trommer/Reinholf Frey: Geschichten für die Jungschar von A-Z © 2000 SCM R. Brockhaus im SCM-Verlag GmbH & Co. KG, Witten

23 Ralf Johnen, aus: Materialdienst, Rheinischer Verband für Kindergottesdienst, Hilden, Ausgabe 37, Febr. 87. Rechte beim Autor

24 Nach: Christ in der Gegenwart 51/1992, S. 423

25 © Heribert Haberhausen, Iserlohn

26 Inhaltsangabe nach einer Geschichte von Leo Leonni

28 © 1987 N.V. Peale, Die Wirksamkeit positiven Denkens. Oesch Verlag AG, Zürich

29 Willi Hoffsümmer

30 Genaue Quelle unbekannt

32 Aus: Petra Hillebrand, Kurzgeschichten für Feiern und Gottesdienste. Taufe, Hochzeit, Beerdigung. 2. Auflage 2006, S. 100f., © Tyrolia-Verlag Innsbruck 2006

33 Aus: Ulrich Peters, Lebensträume. Märchen für jene, die gern träumen © 1987 Lahn-Verlag GmbH, Kevelaer, 7. Auflage 2000, S. 50ff, www.lahn-verlag.de (gekürzt)

34 Willi Hoffsümmer

35 Horton/Schubert: Über den Wassern zu singen © Rosenheimer Verlagshaus, Rosenheim 1990 ISBN: 978-3-475-52655-8

36 Margarete Walke, Die Blume in der Wüste, Matthias-Grünewald-Verlag, Mainz 1998, S. 30f

37 Rudolf Otto Wiemer, aus: ders., Der Augenblick ist noch nicht vorüber, Kreuz Verlag, Stuttgart 2001 © Rudolf Otto Wiemer Erben

38 Nach einer Geschichte von Axel Kühner

39 Nach Friedel Markgraf. Vgl. Da war ein guter Mensch. Eine österliche Parabel, in: Im heiligen Dienst, Düsseldorf 1/78

40 Genaue Quelle unbekannt

41 Aus: Werner Trutwin/Roman Mensing, Fundgrube Wege des Glaubens, 2003 © Patmos Verlag GmbH & Co. KG, Düsseldorf

42 Katharina Seidel, Moderne Gleichnisse © 1994 by rex verlag luzern

43 © Pierre Lefèvre

44 Rolf Sättler © Anni Sättler

45 Rolf Sättler © Anni Sättler

46 Aus einem österreichischen Pfarrbrief

47 Gerda Beißel

48 © Gisela Schütz

49 Nach Gerhard Eberts

50 Aus: Thomas Erne, Mein erstes Buch von Ostern. © Verlag Herder, Freiburg im Breisgau 1999

51 Aus: Willi Hoffsümmer, Wir wagen den Glauben, Matthias-Grünewald-Verlag, Mainz, 3. Aufl. 1987, S. 41f

52 Nach einer Idee von Rainer Dunke

53 Gekürzt und geändert nach Ida Kempel, gefunden in »Lydia«, Christliche Zeitschrift für die Frau, Lydia-Verlag, D-35608 Aßlar

54 Michael Schatz

56 Verkürzt nach Christoph Strack, in: KNA Sonderdienst Karwoche/Ostern vom 8.3.1990 © 2009 KNA. Alle Rechte vorbehalten

57 Christ in der Gegenwart 51/92, S. 423

60 © Gudrun Pausewang

61 A. Kurschus im »Deutschlandfunk« am 9.5.2004

62 Georges Hourdin, in: Marietta Peitz, Von der Freude, ein Christ zu sein, Topos Taschenbuch 44, Matthias-Grünewald-Verlag, Mainz 3. Aufl. 1983

63 Frei nach Dieter Kaergel. Das Osterbrot. Rechte bei Gerda Kaergel

64 Jo Hanns Rösler © Christine Schmitt

65 Ingrid Rose

66 Aus: Axel Kühner, Zuversicht für jeden Tag, 3. Auflage 2005, Aussaat Verlag, Neukirchener Verlagsgesellschaft mbH, Neukirchen-Vluyn

67 missio-Beispieltexte 442, missio aktuell Verlag, Aachen

68 © Pierre Lefèvre

69 Aus: P. Chrysostomus Dahm, Millionen in Rußland glauben an Gott, Miriam-Verlag, Jestetten 1972, S. 54

70 Rechte bei Arnoldo Mondadori Editore S.p.A., Milano

72 Stark verkürzt nach Reinhold Stecher

73 Angelika Blum © bei der Autorin

75 Aus: Axel Kühner, Zuversicht für jeden Tag, 3. Auflage 2005, Aussaat Verlag, Neukirchener Verlagsgesellschaft mbH, Neukirchen-Vluyn

76 Aus: Lothar Zenetti, Manchmal leben wir schon, 2002 Sankt Ulrich Verlag/ Wewel Augsburg (www.sankt-ulrich-verlag.de)

77 Aus: Anthony de Mello, Meditieren mit Leib und Seele. Neue Wege der Gotteserfahrung. Übersetzt von Martin Kämpchen © Neuausgabe 2008 Butzon & Bercker GmbH, Kevelaer, S. 113ff, www.bube.de

78 Aus: Ernst Sieber, »Platzspitz« – Spitze des Eisbergs © Zytglogge Verlag, Oberhofen 1991

80 Aus: Ulrich Lüke, Fahrlässige Tröstung © St. Benno-Verlag Leipzig, www.st-benno.de

81 Nach Luigi Pazoli in »Ich sehe einen Mandelzweig«, in: KKiZ 15/16/06, S. 13

82 Quelle unbekannt

83 Antoinette Becker © Nicolas Becker

84 Ursula Berg © bei der Autorin

85 Quelle unbekannt

86 Pastorin Ruthild Busch, WDR 2 vom 17.5.2007, auf www.kirchezumhoeren.de

87 © Werner Gutheil

88 Nach: Der Prediger und Katechet. Praktische katholische Zeitschrift für die Verkündigung des Glaubens, 3/2006, S. 345 © Schwabenverlag AG, Ostfildern

89 Norbert Lechleitner, Flügel für die Seele. © Verlag Herder Verlag, Freiburg im Breisgau, Neuausgabe 2008

90 Nach Karl-Heinz Sülzenfuß, Düsseldorf

92 Inhaltsangabe nach einer Geschichte von Werner Bergengruen

93 Nach Leo Tolstoi

94 © Berthold Lutz, Würzburg

95 Nach Richard von Volkmann-Leander, aus: Träumereien an französischen Kaminen

97 Aus: Elias Chacour, Und dennoch sind wir Brüder: Frieden für Palästina. Aus dem Englischen von Harald Schiffl und Michaela Gruber, S. 179ff. © Verlag

Josef Knecht - Carolusdruckerei GmbH, Frankfurt am Main, 2. Auflage 1991

98 Gefunden in: Betendes Gottes Volk, Zeitschrift der Gebetsgemeinschaft für Kirche und Welt – RSK – Rosenkranz-Sühnekreuzzug

99 Stark verkürzt nach Matthew Kelly, Unser Vater, in: Maria – Das Zeichen der Zeit, 3. Quartal 2008, S. 7f

100 Aus: Heinrich Jacob, Den Menschen zugewandt, Dom-Bücherstube, Osnabrück 1997, S. 49f, nach einem Bericht von R. Gerken © Dom Buchhandlung, Osnabrück

Für Fastenzeit und Ostern

Willi Hoffsümmer
**59 Bausteine für Gottesdienste
in der Fasten- und Osterzeit**

Format 14,7 x 20,5 cm
192 Seiten
Paperback
ISBN 978-3-7867-2798-9

Der bekannte Seelsorger und Autor Willi Hoffsümmer bietet in seinem neuen Buch für die Fasten- und Osterzeit 59 Bausteine für Gottesdienste an, die mit leicht umsetzbaren Ideen alle Sinne ansprechen. Das Angebot umfasst Gottesdienste mit Symbolen, Früh- oder Spätschichten, Kleinkindergottesdienste, Bußfeiern und vieles mehr. Hilfreiche Register lassen schnell das Passende finden.
Eine Fundgrube für alle, die Anregungen für die verschiedensten gottesdienstlichen Feiern suchen.

Matthias-Grünewald-Verlag
der Schwabenverlag AG
www.gruenewaldverlag.de

Willi Hoffsümmers Kurzgeschichten

Willi Hoffsümmer (Hg.)
Kurzgeschichten 1
255 Kurzgeschichten für Gottesdienst, Schule und Gruppe
156 Seiten, kartoniert
ISBN 978-3-7867-0889-6

Willi Hoffsümmer (Hg.)
Kurzgeschichten 3
244 Kurzgeschichten für Gottesdienst, Schule und Gruppe
172 Seiten, kartoniert
ISBN 978-3-7867-1298-5

Willi Hoffsümmer (Hg.)
Kurzgeschichten 5
211 Kurzgeschichten für Gottesdienst, Schule und Gruppe
160 Seiten, kartoniert
ISBN 978-3-7867-1775-1

Willi Hoffsümmer (Hg.)
Kurzgeschichten 2
222 Kurzgeschichten für Gottesdienst, Schule und Gruppe
164 Seiten, kartoniert
ISBN 978-3-7867-1063-9

Willi Hoffsümmer (Hg.)
Kurzgeschichten 4
233 Kurzgeschichten für Gottesdienst, Schule und Gruppe
208 Seiten, kartoniert
ISBN 978-3-7867-1566-5

Willi Hoffsümmer (Hg.)
Kurzgeschichten 6
155 Kurzgeschichten für Gottesdienst, Schule und Gruppe
176 Seiten, kartoniert
ISBN 978-3-7867-2262-5

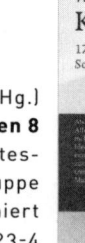

Willi Hoffsümmer (Hg.)
Kurzgeschichten 8
177 Kurzgeschichten für Gottesdienst, Schule und Gruppe
176 S., kartoniert
ISBN 978-3-7867-2623-4

GRÜNEWALD
www.gruenewaldverlag.de

Kurzgeschichten

WILLI HOFFSÜMMER
Kurzgeschichten 8
177 Kurzgeschichten für Gottesdienst, Schule und Gruppe

Kurzgeschichten 8
177 Kurzgeschichten für Gottesdienst,
Schule und Gruppe
Herausgegeben von Willi Hoffsümmer

Format 14,7 x 20,5 cm
176 Seiten
Paperback
ISBN 978-3-7867-2623-4

Die Verkaufszahlen beweisen es: Die von Willi Hoffsümmer herausgegebenen Kurzgeschichten-Bände gehören zur Standardliteratur von PredigerInnen, LehrerInnen und GruppenleiterInnen.
Der Bedarf an guten Geschichten ist nach wie vor groß.
Hoffsümmer versteht es wie kein anderer, aus einer Fülle von Literatur kurze prägnante Geschichten auszuwählen und sie den verschiedenen Themenbereichen zuzuordnen. Das Stichwortregister ermöglicht schnelle Orientierung und lässt leicht das Gewünschte finden. Ein »Muss« für alle, die in der Gemeindepraxis oder im Schulbereich tätig sind.

Matthias-Grünewald-Verlag
der Schwabenverlag AG
www.gruenewaldverlag.de

Erstkommuniongottesdienste

Willi Hoffsümmer
11 Erstkommunionfeiern mit Symbolen
Festgottesdienst – Andacht – Dankmesse

Format 14,7 x 20,5 cm
180 Seiten
Paperback
ISBN 978-3-7867-2797-2

In den ausgearbeiteten und erprobten Erstkommunionfeiern von Willi Hoffsümmer stehen Festgottesdienst, Andacht und Dankmesse jeweils unter einem gemeinsamen Symbol.

Diese Symbole machen den Kindern das Geheimnis der Erstkommunion leichter zugänglich. Sie begleiten die Jungen und Mädchen in den Alltag hinein und halten die Erinnerung an das Fest lange lebendig.

Die Symbole sind: Brot, Weinstock und Reben, Hirt und Schafe, Fisch, Sonnenblume, Rose, Kompass, Monstranz, Schatztruhe, Baumscheibe und Perle.

Matthias-Grünewald-Verlag
der Schwabenverlag AG
www.gruenewaldverlag.de